Die ›Weiße Rose‹ wurde zum Symbol einer Aktion, mit der einige Münchner Studenten zum Widerstand gegen die Diktatur Hitlers aufriefen. Sie bezahlten dafür mit ihrem Leben: im Februar 1943 fielen sie der Gestapo in die Hände.

Die Geschwister Hans und Sophie Scholl waren unter den Hingerichteten. Inge Scholl, die Schwester, erzählt mit Hilfe von geretteten Dokumenten die Vorgeschichte und den Verlauf der Bewegung. Diese Ausgabe enthält außerdem Gerichtsurteile, Pressereaktionen und Augenzeugenberichte.

*Inge Aicher-Scholl*, geboren 1917, gründete nach dem Krieg die Ulmer Volkshochschule und setzte wenige Jahre später mit der Gründung der ›Geschwister-Scholl-Stiftung‹, der Trägerin einer neuen Hochschule für Gestaltung, ihren Geschwistern ein Denkmal.

Im Fischer Taschenbuch Verlag erschienen: Hans Scholl / Sophie Scholl, ›Briefe und Aufzeichnungen‹, hrsg. von Inge Jens (Bd. 5681) sowie ein Buch zum Film über die Geschwister Scholl von Michael Verhoeven / Mario Krebs, ›Die weiße Rose. Der Widerstand der Münchner Studenten gegen Hitler‹ (Bd. 3678).

Bei S. Fischer erschienen: Willi Graf, ›Briefe und Aufzeichnungen‹, hrsg. von Anneliese Knoop-Graf und Inge Jens (1988) und ›Sippenhaft. Nachrichten und Botschaften der Familie in der Gestapo-Haft nach der Hinrichtung von Hans und Sophie Scholl‹, hrsg. von Inge Aicher-Scholl (1993).

Inge Scholl

# DIE WEISSE ROSE

*Erweiterte Neuausgabe*

Fischer
Taschenbuch
Verlag

Erweiterte Neuausgabe
Veröffentlicht im Fischer Taschenbuch Verlag GmbH,
Frankfurt am Main, Mai 1955
Neuausgabe: Februar 1993

Lizenzausgabe mit freundlicher Genehmigung
des S. Fischer Verlags GmbH, Frankfurt am Main
© S. Fischer Verlag GmbH,
Frankfurt am Main 1982, 1993
Gesamtherstellung: Clausen & Bosse, Leck
Umschlaggestaltung: Eberhard Stauß
unter Verwendung einer Entwurfsvorlage
von Otl Aicher
Printed in Germany
ISBN 3-596-11802-6

# Inhalt

Es sind jetzt fünfzig Jahre her, seit die Geschwister Scholl und ihre Gefährten wie auch andere in manchen Teilen Deutschlands und Österreichs ihre frühen, hellsichtigen Gedanken über den Beginn von Schrecken und Terror, seine für viele noch kaum merkbaren Anzeichen bis zum Höhepunkt der Gewalt in eine Tat umsetzten, die Geschichte geworden ist und bleiben wird.

Aber dem Wort GESCHICHTE hängt Vergangenheit an, und das ist gefährlich, läßt glauben, daß, was sich ereignet hat, vorbei ist und nicht mehr wiederkehrt. Es ist um so gefährlicher, als sich seit fünfzig Jahren die Bedingungen, unter denen wir leben, für viele extrem geändert haben. Die Lebensformen des Wohlstands, die vielen von uns immer selbstverständlicher werden, lassen dem Anschein nach nicht Tod, Folter und Terror – auch wenn er sich in nächster Nähe von uns abspielt – ahnen, lehren nicht glauben, was wir wissen.

Sich Konsum und Genuß unbedenklich auszusetzen, läßt das Herz erkalten, führt auf eine vielleicht noch gefährlichere Weise zu Hektik und Aggression und läßt wenige Möglichkeiten zur Betrachtung der Welt übrig, die betrachtet werden muß, aufmerksam, unablässig und konsequent. Während der Jagd nach der Effizienz des Materiellen nehmen Anonymität und Identitätsverlust zu. Der Wunsch, keinen Wunsch offen zu lassen, das Kostbarste also zu verlieren, beginnt in Gesichtern deutlich zu werden. Mitten auf den hellen Straßen, zwischen überfüllten Schaufenstern das Erwerbbare mit dem Unerwerbbaren und eigentlich Teuren zu verwechseln, macht die Welt leer.

Weil das äußere Bild aber ganz anders geworden ist als das Bild vor fünfzig Jahren, verharmlost (Inge Scholl spricht deutlich von der Gefahr der Verharmlosung) und dem Schein nach erfreulich, erheiternd, verschwindet die Heiterkeit aus den Herzen, die eigentliche Heiterkeit, die den teuren Tod einschließt. Ein beliebiger Tod und ein beliebiges Leben werden eingehandelt. Wir müssen auf der Hut sein.

Wien, Sommer 1992                                    Ilse Aichinger

DIE WEISSE ROSE

In den frühlinghaften Februartagen nach der Schlacht bei Stalingrad fuhr ich in einem Vorortzug von München nach Solln. Neben mir saßen zwei Parteigenossen im Abteil, die sich flüsternd über die jüngsten Ereignisse in München unterhielten. »Freiheit« war in großen Buchstaben an die Universität geschrieben worden, »Nieder mit Hitler« auf die Straßen, Flugblätter waren gefallen, die zum Widerstand aufriefen, die Stadt war wie von einem Stoß erschüttert. Zwar stand alles noch wie zuvor, das Leben ging weiter wie je, aber im geheimen war etwas verändert. Das merkte ich an dem Gespräch der beiden Männer, die sich hier im Abteil gegenübersaßen und ihre Köpfe zusammensteckten. Sie sprachen vom Ende des Krieges und was sie tun würden, wenn es plötzlich vor ihnen stünde. »Es wird nichts übrigbleiben, als sich zu erschießen«, meinte der eine und blickte rasch zu mir herüber, ob ich vielleicht etwas verstanden hätte.

Wie mögen diese beiden Männer aufgeatmet haben, als wenige Tage später überall brennend rote Plakate zur Beruhigung der Bevölkerung angeschlagen waren, auf denen zu lesen stand:

Wegen Hochverrats wurden zum Tode verurteilt:

Der 24jährige Christoph Probst
der 25jährige Hans Scholl
die 22jährige Sophia Scholl.
Das Urteil wurde bereits vollstreckt.

Die Presse schrieb von verantwortungslosen Einzelgängern, die sich durch ihr Tun automatisch aus der Volksgemeinschaft ausgeschlossen hätten. Von Mund zu Mund erzählte man sich, daß an die hundert Personen verhaftet worden waren, und daß noch weitere Todesurteile zu erwarten seien. Der Präsident des Volksgerichtshofes war im Flugzeug eigens von Berlin gekommen, um kurzen Prozeß zu machen.

In einem zweiten, späteren Verfahren wurden zum Tode verurteilt und hingerichtet:

Willi Graf

Professor Kurt Huber

Alexander Schmorell.

Was hatten diese Menschen getan? Worin bestand ihr Verbrechen?

Während die einen über sie spotteten und sie in den Schmutz zogen, sprachen die anderen von Helden der Freiheit.

Aber kann man sie Helden nennen? Sie haben nichts Übermenschliches unternommen. Sie haben etwas Einfaches verteidigt, sind für etwas Einfaches eingestanden, für das Recht und die Freiheit des einzelnen Menschen, für seine freie Entfaltung und ein freies Leben. Sie haben sich keiner außergewöhnlichen Idee geopfert, haben keine großen Ziele verfolgt; was sie wollten, war, daß Menschen wie du und ich in einer menschlichen Welt leben können. Und vielleicht liegt darin das Große, daß sie für etwas so Einfaches eintraten und ihr Leben dafür aufs Spiel setzten, daß sie die Kraft hatten, das einfachste Recht mit einer letzten Hingabe zu verteidigen. Vielleicht ist es schwerer, ohne allgemeine Begeisterung, ohne große Ideale, ohne hohe Ziele, ohne deckende Organisationen und ohne Verpflichtung für eine gute Sache einzustehen, und allein und einsam sein Leben für sie einzusetzen. Vielleicht liegt darin das wirkliche Heldentum, beharrlich gerade das Alltägliche, Kleine und Naheliegende zu verteidigen, nachdem allzuviel von großen Dingen geredet worden ist.

Das beschauliche Städtchen im Kochertal, in dem wir unsere Kindertage verbrachten, schien von der großen Welt vergessen. Die einzige Verbindung mit dieser Welt war eine gelbe Postkutsche, die die Bewohner in langer, rumpelnder Fahrt zur Bahnstation brachte. Mein Vater jedoch, der dort Bürgermeister war, sah mit großem Kummer die Nachteile dieser Weltabgeschiedenheit und setzte es schließlich in zähem Kampf gegen manchen Bauernschädel durch, daß endlich eine Eisenbahn gebaut wurde.

Uns aber erschien die Welt dieses Städtchens nicht klein, sondern weit und groß und herrlich. Wir hatten auch bald begriffen, daß sie am Horizont, wo die Sonne auf- und unterging, noch lange nicht zu Ende war.

Aber eines Tages rollten wir auf den Rädern unserer geliebten Eisenbahn mit Sack und Pack davon, weit fort über die Schwäbische Alb. Ein großer Sprung war getan, als wir in Ulm, der Stadt an der Donau, die nun unsere neue Heimat werden sollte, ausstiegen. Ulm – das hörte sich an wie der Klang der größten Glocke vom gewaltigen Münster. Zuerst hatten wir großes Heimweh. Doch viel Neues zog bald unsere Aufmerksamkeit auf sich, besonders die Höhere Schule, in die wir fünf Geschwister eines nach dem andern eintraten.


An einem Morgen hörte ich auf der Schultreppe eine Klassenkameradin zur andern sagen: »Jetzt ist Hitler an die Regierung gekommen.« Und das Radio und alle Zeitungen verkündeten: »Nun wird alles besser werden in Deutschland. Hitler hat das Ruder ergriffen.«

Zum erstenmal trat die Politik in unser Leben. Hans war damals 15 Jahre alt, Sophie 12. Wir hörten viel vom Vaterland reden, von Kameradschaft, Volksgemeinschaft und Heimatliebe. Das imponierte uns, und wir horchten begeistert auf, wenn wir in der Schule oder auf der Straße davon sprechen hörten. Denn unsere Heimat liebten wir sehr, die Wälder, den Fluß und die alten, grauen Steinriegel, die sich zwischen den Obstwiesen und Weinbergen an den steilen Hängen emporzogen. Wir hatten den Geruch von Moos, von feuchter Erde und duftenden Äpfeln im Sinn, wenn wir an unsere Heimat dachten. Und jeder Fußbreit war uns dort vertraut und lieb. Das Vaterland, was war es anderes als die größere Heimat all derer, die die gleiche Sprache sprachen und zum selben Volke gehörten. Wir liebten es und konnten kaum sagen, warum. Man hatte bisher ja auch nie viele Worte darüber gemacht. Aber jetzt, jetzt wurde es groß und leuchtend an den Himmel geschrieben.

Und Hitler, so hörten wir überall, Hitler wolle diesem Vaterland zu Größe, Glück und Wohlstand verhelfen; er wolle sorgen, daß jeder Arbeit und Brot habe; nicht ruhen und rasten wolle er, bis jeder einzelne Deutsche ein unabhängiger, freier und glücklicher Mensch in seinem Vaterland sei. Wir fanden das gut, und was immer wir dazu beitragen konnten, wollten wir tun. Aber noch etwas anderes kam dazu, was uns mit geheimnisvoller Macht anzog und mitriß. Es waren die kompakten Kolonnen der Jugend mit ihren wehenden Fahnen, den vorwärtsgerichteten Augen und dem Trommelschlag und Gesang. War das nicht etwas Überwältigendes, diese Gemeinschaft? So war es kein Wunder, daß wir alle, Hans und Sophie und wir anderen, uns in die Hitlerjugend einreihten.

Wir waren mit Leib und Seele dabei, und wir konnten es nicht verstehen, daß unser Vater nicht glücklich und stolz ja dazu sagte. Im Gegenteil, er war sehr unwillig darüber, und zuweilen sagte er: »Glaubt ihnen nicht, sie sind Wölfe und Bärentreiber, und sie mißbrauchen das deutsche Volk schrecklich.« Und manchmal verglich er Hitler mit dem Rattenfänger von Hameln, der die Kinder mit seiner Flöte ins Verderben gelockt hatte. Aber Vaters Worte waren in den Wind gesprochen, und sein Versuch, uns zurückzuhalten, scheiterte an unserer Begeisterung.

Wir gingen mit den Kameraden der Hitlerjugend auf Fahrt und durchstreiften in weiten Wanderungen unsere neue Heimat, die Schwäbische Alb.

Wir liefen lange und anstrengend, aber es machte uns nichts aus; wir waren zu begeistert, um unsere Müdigkeit einzugestehen. War es nicht großartig, mit jungen Menschen, denen man sonst vielleicht nie nähergekommen wäre, plötzlich etwas Gemeinsames und Verbindendes zu haben? Wir trafen uns zu den Heimabenden, es wurde vorgelesen und gesungen, oder wir machten Spiele oder Bastelarbeiten. Wir hörten, daß wir für eine große Sache leben sollten. Wir wurden ernst genommen, in einer merkwürdigen Weise ernst genommen, und das gab uns einen besonderen Auftrieb. Wir glaubten, Mitglieder einer großen Organisation zu sein, die alle umfaßte und jeden würdigte, vom Zehnjährigen bis zum Erwachsenen. Wir fühlten uns beteiligt an einem Prozeß, an einer Bewegung, die aus der Masse Volk schuf. Manches, was uns anödete oder einen schalen Geschmack verursachte, würde sich schon geben – so glaubten wir. Einmal sagte eine fünfzehnjährige Kameradin im Zelt, als wir uns nach einer langen Radtour unter einem weiten Sternenhimmel zur Ruhe gelegt hatten, ziemlich unvermittelt: »Alles wäre so schön – nur die Sache mit den Juden, die will mir nicht hinunter.« Die Führerin sagte, daß Hitler schon wisse, was er tue, und man müsse um der großen Sache willen manches Schwere und Unbegreifliche akzeptieren. Das Mädchen jedoch war mit dieser Antwort nicht ganz zufrieden, andere stimmten ihr bei, und man hörte plötzlich die Elternhäuser aus ihnen reden. Es war eine unruhige Zeltnacht – aber schließlich waren wir doch zu müde. Und der nächste Tag war herrlich und voller Erlebnisse. Das Gespräch der Nacht war vorläufig vergessen.

In unseren Gruppen entstand ein Zusammenhalt, der uns über die Schwierigkeiten und die Einsamkeit jener Entwicklungsjahre hinwegtrug, vielleicht auch hinwegtäuschte.

Hans hatte sich einen Liederschatz gesammelt, und seine Jungen hörten es gerne, wenn er zur Gitarre sang. Es waren nicht nur die Lieder der Hitlerjugend, sondern auch Volkslieder aus allerlei Ländern und Völkern. Wie zauberhaft klang doch solch ein russisches oder norwegisches Lied in seiner dunklen, ziehenden Schwermut. Was erzählte es einem nicht von der Eigenart jener Menschen und ihrer Heimat.

Aber nach einiger Zeit ging eine merkwürdige Veränderung in Hans vor, er war nicht mehr der alte. Etwas Störendes war in sein Leben getreten. Nicht die Vorhaltungen des Vaters waren es, nein, denen gegenüber konnte er sich taub stellen. Es war etwas anderes. Die Lieder sind verboten, hatten ihm die Führer gesagt. Und als er darüber lachte, hatten sie ihm mit Strafen gedroht. Warum sollte er diese Lieder, die so schön waren, nicht singen dürfen? Nur weil sie von anderen Völkern ersonnen waren? Er konnte es nicht einsehen; es bedrückte ihn, und seine Unbekümmertheit begann zu schwinden.

Zu dieser Zeit wurde er mit einem ganz besonderen Auftrag ausgezeichnet. Er sollte die Fahne seines Standorts zum Parteitag nach

Nürnberg tragen. Seine Freude war groß. Aber als er zurückkam, trauten wir unseren Augen kaum. Er sah müde aus, und in seinem Gesicht lag eine große Enttäuschung. Irgendeine Erklärung durften wir nicht erwarten. Allmählich erfuhren wir aber doch, daß die Jugend, die ihm dort als Ideal vorgesetzt wurde, völlig verschieden war von dem Bild, das er sich von ihr gemacht hatte. Dort Drill und Uniformierung bis ins persönliche Leben hinein – er aber hätte gewünscht, daß jeder Junge das Besondere aus sich machte, das in ihm steckte. Jeder einzelne Kerl hätte durch seine Phantasie, seine Einfälle und seine Eigenart die Gruppe bereichern helfen sollen. Dort aber, in Nürnberg, hatte man alles nach einer Schablone ausgerichtet. Von Treue hatte man gesprochen, bei Tag und Nacht. Was aber war denn der Grundstein aller Treue: zuerst doch die zu sich selbst... Mein Gott! In Hans begann es gewaltig zu rumoren.

Bald darauf beunruhigte ihn ein neues Verbot. Einer der Führer hatte ihm das Buch seines Lieblingsdichters aus der Hand genommen, Stefan Zweigs ›Sternstunden der Menschheit‹. Das sei verboten, hatte man ihm gesagt. Warum? Darauf gab es keine Antwort. Über einen anderen deutschen Schriftsteller, Fritz von Unruh, der ihm sehr gefiel, hörte er etwas Ähnliches. Er hatte aus Deutschland fliehen müssen, weil er für den Gedanken des Friedens eingetreten war.

Hans war schon vor längerer Zeit zum Fähnleinführer befördert worden. Er hatte sich mit seinen Jungen eine prachtvolle Fahne mit einem großen Sagentier genäht. Die Fahne war etwas Besonderes; sie war auf den Führer geweiht, und die Jungen hatten ihr Treue gelobt, weil sie das Symbol ihrer Gemeinschaft war. Aber eines Abends, als sie mit der Fahne angetreten waren, zum Appell vor einem höheren Führer, war eine unerhörte Geschichte passiert. Der Führer hatte plötzlich unvermittelt den kleinen Fahnenträger, einen fröhlichen zwölfjährigen Jungen, aufgefordert, die Fahne abzugeben.

»Ihr braucht keine besondere Fahne. Haltet euch an die, die für alle vorgeschrieben ist. «

Hans war tief betroffen. Seit wann das? Wußte der Stammführer nicht, was gerade diese Fahne für seine Gruppe bedeutete? War sie nicht mehr als ein Tuch, das man nach Belieben wechseln konnte?

Noch einmal forderte der andere den Jungen auf, die Fahne herauszugeben. Der blieb starr stehen, und Hans wußte, was in ihm vorging und daß er es nicht tun würde. Als der höhere Führer den Kleinen zum drittenmal mit drohender Stimme aufforderte, sah Hans, daß die Fahne ein wenig bebte. Da konnte er nicht länger an sich halten. Er trat still aus der Reihe heraus und gab diesem Führer eine Ohrfeige.

Von da an war er nicht mehr Fähnleinführer.


Der Funke quälenden Zweifels, der in Hans erglommen war, sprang auf uns alle über.

In jenen Tagen hörten wir auch eine Geschichte von einem jungen Lehrer, der auf rätselhafte Weise verschwunden war. Er war vor eine SA-Gruppe gestellt worden, und alle mußten an ihm vorbeiziehen und ihm ins Gesicht spucken – auf Befehl. Danach hatte den jungen Lehrer niemand mehr gesehen. Er war in einem Konzentrationslager verschwunden.

»Aber was hat er denn getan?« fragten wir seine Mutter mit angehaltenem Atem. »Nichts, nichts«, rief die Frau verzweifelt. »Er war eben kein Nationalsozialist, er konnte halt da nicht mitmachen, *das* war sein Verbrechen.«

Mein Gott! Wie da der Zweifel, der bisher nur ein Funke war, erst zu tiefer Trauer wurde und dann zu einer Flamme der Empörung aufloderte. In uns begann eine gläubige, reine Welt zu zerbrechen, Stück um Stück. Was hatte man in Wirklichkeit aus dem Vaterland gemacht? Nicht Freiheit, nicht blühendes Leben, nicht Gedeihen und Glück jedes Menschen, der darin lebte. Nein, eine Klammer um die andere hatte man um Deutschland gelegt, bis allmählich alles wie in einem großen Kerker gefangen saß.

»Was, Vater, ist ein Konzentrationslager?«

Er berichtete uns, was er wußte und ahnte, und fügte hinzu: »Das ist Krieg. Krieg mitten im tiefsten Frieden und im eigenen Volk. Krieg gegen den wehrlosen, einzelnen Menschen, Krieg gegen das

Glück und die Freiheit seiner Kinder. Es ist ein furchtbares Verbrechen.«

War aber die quälende Enttäuschung vielleicht nur ein böser Traum, von dem wir am andern Morgen erwachen würden? In unseren Herzen entbrannte ein heftiger Kampf. Wir versuchten, unsere alten Ideale gegen alles, was wir erlebt und gehört hatten, zu verteidigen.

»Weiß denn der Führer etwas von den Konzentrationslagern?«

»Sollte er es nicht wissen, da sie nun schon Jahre existieren und seine nächsten Freunde sie eingerichtet haben? Und warum hat er nicht seine Macht benützt, um sie sofort abzuschaffen? Warum ist es jenen, die daraus entlassen wurden, bei Androhung härtester Strafen untersagt, etwas von ihren Erlebnissen zu erzählen?«

In uns erwachte ein Gefühl, als lebten wir in einem einst schönen und reinen Haus, in dessen Keller hinter verschlossenen Türen furchtbare, böse, unheimliche Dinge geschehen. Und wie der Zweifel langsam von uns Besitz ergriffen hatte, so erwachte nun in uns das Grauen, die Angst, der erste Keim einer grenzenlosen Unsicherheit.

»Wie aber war es möglich, daß in unserem Volke so etwas an die Regierung kommen konnte?«

»In einer Zeit großer Not«, so erklärte uns der Vater, »kommt allerlei nach oben. Schaut, welche Zeiten wir durchzustehen hatten: zuerst den Krieg, dann die Schwierigkeiten der Nachkriegszeit, Inflation und große Armut. Darauf Arbeitslosigkeit. Wenn dem Menschen erst die nackte Existenz untergraben ist und er die Zukunft nur noch wie eine graue, undurchdringliche Wand sieht – dann hört er auf Versprechungen und Verlockungen, ohne zu fragen, wer sie macht.«

»Aber Hitler hat doch sein Versprechen, die Arbeitslosigkeit zu beseitigen, gehalten!«

»Das bestreitet ja niemand. Aber fragt nicht, wie! Die Kriegsindustrie hat er angekurbelt, Kasernen werden gebaut... Wißt ihr, wo das endet?... Er hätte es auch auf dem Wege über die Friedensindustrie schaffen können, die Arbeitslosigkeit zu beseitigen – in der Diktatur ist das leicht genug zu erreichen. Wir sind doch kein Vieh, das mit einer vollen Futterkrippe zufrieden ist. Die materielle Sicherheit allein wird nie genügen, uns glücklich zu machen. Wir sind doch Menschen, die ihre freie Meinung, ihren eigenen Glauben haben. Eine Regierung, die an diese Dinge rührt, hat keinen Funken Ehrfurcht mehr vor dem Menschen. Das aber ist das erste, was wir von ihr verlangen müssen.«

Auf einem weiten Frühlingsspaziergang hatte sich dieses Gespräch zwischen dem Vater und uns entsponnen. Und wir hatten uns wieder einmal alle Fragen und Zweifel gründlich vom Herzen geredet.

»Ich möchte nur, daß ihr gerad und frei durchs Leben geht, wenn es auch schwer ist«, hatte der Vater noch gesagt.

Plötzlich waren wir Freunde geworden, der Vater und wir. Und keiner von uns hätte daran gedacht, daß er doch viel älter war. Wir spürten mit Genugtuung, daß die Welt weiter geworden war. Zugleich begriffen wir, daß diese Weite auch Gefahr und Wagnis in sich trug.

Die Familie wurde uns nun zu einer kleinen, festen Insel in dem unverständlichen und immer fremder werdenden Getriebe.

Aber daneben gab es noch etwas anderes für Hans und meinen jüngsten Bruder Werner, was in diesen Jahren zwischen vierzehn und achtzehn ihr Leben bestimmte und mit einem unbeschreiblichen Elan erfüllte: die ›jungenschaft‹, eine kleine Gruppe von Freunden. Es gab sie in verschiedenen Städten in Deutschland, vor allem dort, wo sich noch kulturelles Leben regte. Sie sammelte die letzten Reste der zersprengten Bündischen Jugend und war eigentlich schon längst von der Gestapo verboten. Um weiter existieren zu können, hatte sich die ›jungenschaft‹ dem Jungvolk angeschlossen und war in ihm untergetaucht. Das konnte nicht lange gutgehen, denn die ›jungenschaft‹ hatte ihren eigenen, sehr eindrucksvollen Stil, der sich bewußt in allem von der Hitlerjugend unterschied. Die Mitglieder der ›jungenschaft‹ erkannten sich an der Art, wie sie sich kleideten, sie kannten sich an ihren Liedern, ja an ihrer Sprache. Für diese Jungen war das Leben ein großes Abenteuer, eine Expedi-

Hans Scholl, Ulm, geboren am 22.9.1918,
Student der Medizin,
hingerichtet am 22.2.1943

tion in eine unbekannte, verlockende Welt. Die Gruppe ging übers Wochenende auf Fahrt und pflegte, auch bei grimmiger Kälte, in einer Kothe zu wohnen, einem Zelt nach dem Muster der Lappen im hohen Norden. Wenn sie um das Feuer saßen, lasen sie einander vor, oder sie sangen und begleiteten ihren Chor mit der Gitarre, dem Banjo und der Balalaika. Sie sammelten die Lieder aller Völker und dichteten und komponierten ihre eigenen feierlichen Gesänge und lustigen Schlager dazu. Sie malten und photographierten, sie schrieben und dichteten, und daraus entstanden ihre herrlichen Fahrtenbücher und Zeitschriften, die ihnen niemand nachahmen konnte. Sie stiegen im Winter auf die abgelegensten Almen und machten die verwegensten Skiabfahrten; sie liebten es, in der Morgenfrühe Florett zu fechten; sie trugen Bücher mit sich herum, die ihnen wichtig waren und die ihnen neue Dimensionen der Welt und des eigenen Innern erschlossen. Rilke zum Beispiel, Stefan George, Lao-tse, Hermann Hesse, die Heldenfibel von tusk, dem in der ›jungenschaft‹ eine führende Rolle zukam (und der inzwischen ins Ausland hatte fliehen müssen). Sie waren ernst und verschwiegen, sie hatten ihren eigenen Humor und ganze Eimer voll Witz und Skepsis und Spott. Sie konnten wild und ausgelassen durch die Wälder jagen, sie warfen sich am frühen Morgen in eiskalte Flüsse; sie konnten stundenlang still auf dem Bauch liegen, um Wild oder Vögel zu beobachten. Sie saßen genauso still und mit angehaltenem Atem in Konzerten, um die Musik zu entdecken. Man sah sie im Kino, wenn einmal ein schöner Film auftauchte, oder im Theater, wenn ein Stück die Gemüter bewegte. Sie gingen auf Zehenspitzen in den Museen umher; sie waren mit dem Münster und seinen verborgensten Schönheiten vertraut. Sie liebten in besonderer Weise die blauen Pferde von Franz Marc, die glühenden Kornfelder und Sonnen von van Gogh und die exotische Welt Gauguins. Aber mit all dem ist eigentlich gar nichts Präzises gesagt. Vielleicht soll man auch nicht viel sagen, weil sie selbst so verschwiegen waren und still hineinwuchsen in das Erwachsensein, in das Leben.

Einer der Lieblingschöre der Jungen lautete:

Schließ Aug und Ohr für eine Weil
vor dem Getös der Zeit,
Du heilst es nicht und hast kein Heil,
als bis Dein Herz sich weiht.

Dein Amt ist hüten, harren, sehn
im Tag die Ewigkeit,
Du bist schon so im Weltgeschehn
gefangen und befreit.

Die Stunde kommt, da man Dich braucht,
dann sei Du ganz bereit,
und in das Feuer, das verraucht,
wirf Dich als letztes Scheit.

Plötzlich lief eine Verhaftungswelle durch ganz Deutschland und zerstörte diese letzten Reste einer großen, zu Beginn unseres Jahrhunderts aufgebrochenen Jugendbewegung.

Für viele dieser Jungen wurde das Gefängnis eine der wichtigen Erschütterungen ihrer Jugend. Und manche von ihnen begriffen, daß eine Jugend und eine Jugendbewegung und die ›jungenschaft‹ einmal enden mußten, weil sie den Schritt zum Erwachsensein zu vollziehen hatten. Die Tagebücher, die Zeitschriften und die Liederhefte wurden beschlagnahmt und eingestampft. Die Jungen wurden nach einigen Wochen oder Monaten wieder freigelassen. Hans schrieb damals in eines seiner Lieblingsbücher auf die erste, unbeschriebene Seite: »Reißt uns das Herz aus dem Leibe – und ihr werdet euch tödlich daran verbrennen.«

Diese Jungenzeit hätte einmal enden müssen, auch ohne Gestapo. Das war die Erkenntnis, die Hans während seiner ersten Berührung mit der grauen Gefängniszelle gewann. Er faßte nun fest das Studium ins Auge, das ihm bevorstand, und entschloß sich für den Arztberuf.

Hans spürte, daß das Schöne und das ästhetische Genießen des Daseins allein, auch das stille Hineinwachsen in das Leben ihm nicht mehr genügten, daß es in der Gefährdung dieser Zeit kaum mehr Halt geben konnte. Daß eine letzte brennende Leere blieb, und daß die beunruhigenden Fragen keine Antwort fanden. Nicht bei Rilke und nicht bei Stefan George, nicht bei Nietzsche und auch nicht bei Hölderlin. Aber Hans hatte das sichere Gefühl, daß sein redliches Suchen ihn richtig führen werde. Er begegnete schließlich, auf merkwürdigen Umwegen, den antiken Philosophen, er lernte Plato und Sokrates kennen. Er stieß auf die frühen christlichen Denker, er beschäftigte sich mit Augustinus. Er entdeckte Pascal. Die Heilige Schrift bekam eine neue, überraschende Bedeutung; Aktualität brach durch die alten, scheinbar verdorrten Worte und gab ihnen das Gewicht des Überzeugenden.

Jahre waren seitdem vergangen. Aus dem Krieg im Innern, gegen einzelne Menschen, war der Krieg gegen die Völker geworden, der Zweite Weltkrieg.

Hans hatte bereits an der Universität München zu studieren begonnen, als der Krieg ausbrach. Zunächst war ihm noch eine ungewisse Frist geblieben, sein Studium fortzusetzen. Dann wurde er zu einer Studentenkompanie eingezogen, und wenig später machte er als Sanitäter den Frankreichfeldzug mit. Zurückversetzt zur Studentenkompanie in München, konnte er weiterstudieren. Aber es war ein höchst seltsames Studentenleben, halb Soldat, halb Student, einmal in der Kaserne, dann wieder in der Universität oder in der Klinik. Das waren zwei entgegengesetzte Welten, die sich nie vertragen wollten. Hans fiel dieses zwiespältige Leben besonders schwer. Schwerer noch und dunkler aber lastete auf ihm, daß er in einem Staat leben mußte, in dem die Unfreiheit, der Haß und die Lüge nun zum Normalzustand geworden waren.

Wurde nicht die Klammer der Gewaltherrschaft immer enger und unerträglicher? War nicht jeder Tag, an dem man noch in Freiheit lebte, ein Geschenk? Denn niemand war davor sicher, einer geringfügigen Bemerkung wegen verhaftet zu werden, vielleicht für immer zu verschwinden. Konnte Hans sich wundern, wenn morgen früh die Geheime Staatspolizei klingelte und seiner Freiheit ein Ende setzte?

23

Hans wußte gut, daß er nur einer von Millionen in Deutschland war, die ähnlich wie er empfanden. Aber wehe, wenn jemand ein freies, offenes Wort riskierte. Er wurde unerbittlich ins Gefängnis geworfen. Wehe, wenn eine Mutter ihrem bedrängten Herzen Luft machte und den Krieg verwünschte. Sie wurde ihres Lebens so schnell nicht wieder froh. Ganz Deutschland schien von geheimen Ohren belauscht.

Im Frühjahr 1942 fanden wir wiederholt hektographierte Briefe ohne Absender in unserem Briefkasten. Sie enthielten Auszüge aus Predigten des Bischofs von Münster, Graf Galen, und sie verbreiteten Mut und Aufrichtigkeit.

»Noch steht ganz Münster unter dem Eindruck der furchtbaren Verwüstungen, die der äußere Feind und Kriegsgegner in dieser Woche uns zugefügt hat. Da hat gestern zum Schlusse dieser Woche, am 12. Juli, die Geheime Staatspolizei die beiden Niederlassungen der Gesellschaft Jesu in unserer Stadt beschlagnahmt, die Bewohner aus ihrem Eigentum vertrieben, die Patres und Brüder genötigt, unverzüglich, noch am gestrigen Tage, nicht nur ihre Häuser, sondern auch die Provinz Westfalen und die Rheinprovinz zu verlassen. Und das gleiche harte Los hat man ebenfalls gestern den Schwestern bereitet. Die Ordenshäuser und Besitzungen samt Inventar wurden zugunsten der Gauleitung Westfalen-Nord enteignet.
So ist also der Klostersturm, der schon länger in der Ostmark, in Süddeutschland, in den neuerworbenen Gebieten, Warthegau, Luxemburg, Lothringen und anderen Reichsteilen wütete, auch hier in Westfalen ausgebrochen.
Wie soll das enden? Es handelt sich nicht etwa darum, für obdachlose Bewohner von Münster eine vorübergehende Unterkunft zu schaffen. Die Ordensleute waren bereit und entschlossen, ihre Wohnungen für solche Zwecke aufs äußerste einzuschränken, um gleich anderen Obdachlose aufzunehmen und zu verpflegen. Nein, darum handelte es sich nicht. Im Immakulatakloster in Wikinghege richtet sich, wie ich höre, die Gaufilmstelle ein. Man sagt mir, in der

Benediktinerabtei St. Josef werde ein Entbindungsheim für uneheliche Mütter eingerichtet. Und keine Zeitung hat bisher berichtet von den freilich gefahrlosen Siegen, die in diesen Tagen die Beamten der Gestapo über wehrlose Ordensmänner und schutzlose deutsche Frauen errungen haben, und von den Eroberungen, die die Gauleitung in der Heimat am Eigentum deutscher Volksgenossen gemacht hat. Vergebens sind alle mündlichen und telegraphischen Proteste!

Gegen den Feind im Innern, der uns peinigt und schlägt, können wir nicht mit Waffen kämpfen. Da bleibt nur ein Kampfmittel: starkes, zähes, hartes Durchhalten! Hart werden! Fest bleiben! Wir sehen und erfahren jetzt deutlich, was hinter den neuen Lehren steht, die man uns seit einigen Jahren aufdrängt, denen zuliebe man die Religion aus der Schule verbannt, unsere Vereine unterdrückt hat, jetzt die Kindergärten zerstören will: abgrundtiefer Haß gegen das Christentum, das man ausrotten möchte.

Wir sind in diesem Augenblick nicht Hammer, sondern Amboß. Andere, meist Fremde und Abtrünnige, hämmern auf uns, wollen mit Gewaltanwendung unser Volk, und selbst unsere Jugend neu formen, aus der geraden Haltung zu Gott verbiegen. Was jetzt geschmiedet wird, das sind die ungerecht Eingekerkerten, die schuldlos Ausgewiesenen und Verbannten. Gott wird ihnen beistehen, daß sie Form und Haltung christlicher Festigkeit nicht verlieren, wenn der Hammer der Verfolgung sie bitter trifft und ihnen ungerechte Wunden schlägt. «

»Seit einigen Monaten hören wir Berichte, daß aus Heil- und Pflegeanstalten für Geisteskranke auf Anordnung von Berlin Pfleglinge, die schon länger krank sind und vielleicht unheilbar erscheinen, zwangsweise abgeführt werden. Regelmäßig erhalten dann die Angehörigen nach kurzer Zeit die Mitteilung, der Kranke sei verstorben, die Leiche sei verbrannt, die Asche könne abgeholt werden. Allgemein herrscht der an Sicherheit grenzende Verdacht, daß diese zahlreichen, unerwarteten Todesfälle von Geisteskranken nicht von selbst eintreten, sondern absichtlich herbeigeführt werden, daß man dabei jener Lehre folgt, die behauptet, man dürfe sogenanntes ›lebensunwertes Leben‹ vernichten, also unschuldige

Menschen töten, wenn man meint, es sei für Volk und Staat nichts mehr wert. Eine furchtbare Lehre, die die Ermordung Unschuldiger rechtfertigen will, die die gewaltsame Tötung der nicht mehr arbeitsfähigen Invaliden, Krüppel, unheilbar Kranken, Altersschwachen grundsätzlich freigibt!«

Hans ist tief erregt, nachdem er diese Blätter gelesen hat. »Endlich hat einer den Mut, zu sprechen.« Eine Zeitlang betrachtet er nachdenklich die Drucksachen und sagt schließlich: »Man sollte einen Vervielfältigungsapparat haben.«


Trotz allem – Hans hatte eine Lebensfreude, die nicht so schnell auszulöschen war. Ja, je dunkler die Welt um ihn wurde, um so heller und stärker entfaltete sich diese Kraft in ihm. Und sie hatte sich sehr vertieft nach dem Erlebnis des Krieges in Frankreich. In so großer Nähe zum Tode hatte das Leben einen besonderen Glanz bekommen.

Hans hatte in jener Zeit ein ungewöhnliches Glück, besonderen Menschen zu begegnen. An einem Herbsttag lernte er Carl Muth, den ergrauten Herausgeber des ›Hochland‹, einer bekannten Zeitschrift, kennen, die von den Nazis verboten worden war. Hans hatte eigentlich nur etwas bei ihm abzugeben. Aber der Alte blickte mit seinen hellen Augen Hans ins Gesicht, und als er ein paar Worte mit ihm gewechselt hatte, lud er ihn ein, bald wiederzukommen. Von da an war Hans häufig sein Gast. Stundenlang konnte er sich mit der riesigen Bibliothek beschäftigen. Hier verkehrten Dichter, Gelehrte und Philosophen. Hundert Türen und Fenster in die Welt des Geistes taten sich ihm im Gespräch mit ihnen auf. Aber er sah auch, daß sie wie Kellerpflanzen in dieser Unfreiheit lebten, und daß sie alle von der einen, großen Sehnsucht erfüllt waren, wieder frei atmen, frei schaffen zu dürfen und ganz wieder sie selbst zu sein.

Auch unter den Studenten traf Hans manchen, der seiner Gesinnung war. Einer fiel ihm unter allen besonders auf durch seine hochgewachsene Gestalt und sein unmilitärisches Benehmen. Das war Alexander Schmorell, der Sohn eines angesehenen Arztes in München. Bald entspann sich zwischen ihnen eine herzliche

Freundschaft, die zunächst damit begann, daß sie das sture Kasernendasein mit unzähligen witzigen Einfällen und Streichen auf den Kopf stellten. Shurik – so nannten ihn seine Freunde – sah die Welt mit Augen so voll von Phantasie, als sehe er sie täglich neu und zum erstenmal. Schön fand er sie, originell und voller Witz und Kuriosität. Und er genoß sie in einer großzügigen und kindlichen Lust und fragte und rechnete nicht viel nach. Und genauso, wie er in vollen Zügen nahm, so gab er auch. Er konnte schenken wie ein König. Aber zuweilen schimmerte durch diese Heiterkeit, durch seine freie, ungebundene Lebensart noch etwas anderes, ein Fragen und Suchen, ja ein uralter, tiefer Ernst. Als kleines Kind war er nach der Revolution im Arm einer Kinderfrau mit seinen Eltern aus Rußland ausgewandert. »Und nun bin ich vom Regen in die Traufe gekommen«, sagte Shurik. Ich bin überzeugt, daß die Initiative zu den Widerstandsaktionen der Weißen Rose von ihm zusammen mit Hans ausgegangen ist.

Durch Alex gewann Hans noch einen weiteren Freund unter den Studenten. Das war Christl Probst. Hans hatte bald erkannt, daß zwischen ihm und Christl eine innere Verwandtschaft bestand. Die gleiche Liebe zur Schöpfung, dieselben Bücher und Philosophen waren es, die sie beide bewegten. Christl kannte die Sterne und wußte viel von den Steinen und Pflanzen der oberbayerischen Berge, in denen er zu Hause war. Am stärksten jedoch verband Hans mit ihm das gemeinsame Suchen nach dem Einen, das hinter all den Dingen, hinter den Menschen und ihrer Geschichte steht. Christl hing mit großer Verehrung an seinem Vater, der ein feinsinniger Privatgelehrter gewesen war. Vielleicht hat dessen früher Tod viel zu Christls ungewöhnlicher Reife beigetragen. Als einziger der vier Studenten war er verheiratet. Er hatte zwei Söhne im Alter von zwei und drei Jahren. Aus diesem Grunde hatte man ihn später, als der Freundeskreis sich zum aktiven Widerstand entschlossen hatte, bewußt aus den gefährdenden Aktionen wie etwa der Vervielfältigung und Verteilung der Flugblätter herauszuhalten versucht. Zweifellos hatte Christl beim Entwurf und der Formulierung der Texte eine wichtige Rolle gespielt.

Später gesellte sich noch ein vierter hinzu: Willi Graf, ein blonder,

großer Saarländer. Ein ziemlich schweigsamer Kerl war er, bedächtig und in sich gekehrt. Als Hans ihn näher kennenlernte, wurde ihm bald klar, daß Willi zu ihnen gehörte. Auch Willi Graf beschäftigte sich intensiv mit Fragen der Philosophie und Theologie. Sophie schilderte ihn: »Wenn er etwas sagt, in seiner gründlichen Art, so hat man den Eindruck, als habe er es nicht eher aussprechen können, bis er sich mit seiner ganzen Person dazu stellen konnte. Deshalb wirkt alles an ihm so sauber, echt und zutiefst zuverlässig.«
Willis Vater, Direktor einer Weingroßhandlung, war es gewohnt, daß sein Sohn seinen eigenen Weg ging. Schon früh hatte er sich einer sehr lebendigen katholischen Jugendgruppe angeschlossen, und die Verhaftungswelle, die im Jahre 1937 Hans erfaßte, hatte auch Willi zu spüren bekommen. Nun studierte er, wie Christl, Alex und Hans, Medizin.
Oft trafen sie sich nach einem Konzert in einer italienischen Weinstube. Sehr bald fühlten sie sich in Hans' Bude oder bei Alex zu Hause. Sie machten sich gegenseitig auf Bücher aufmerksam, lasen etwas vor, diskutierten, oder sie verfielen plötzlich in einen tollen Übermut und erfanden allen möglichen Unsinn. Phantasie, Humor und Lebenslust mußten sich einfach manchmal Luft machen.

Es war am Vorabend von Sophies Abreise nach München, wenige Tage vor ihrem einundzwanzigsten Geburtstag. »Ich kann's kaum glauben, daß ich morgen mit dem Studium anfangen darf«, hatte sie beim Gutenachtkuß zu der Mutter gesagt, die in der Diele stand und Sophies Blusen bügelte. Auf dem Boden lag ein offener Koffer mit Kleidern und frischer Wäsche und mit all den tausend Kleinigkeiten, die Sophie für den neuen Studentenhaushalt haben mußte. Daneben eine Tasche mit einem knusprig-braunen, duftenden Kuchen. Sophie beugte sich hinunter und schnupperte daran. Dabei entdeckte sie die Flasche Wein, die daneben steckte. Lange genug hatte Sophie auf diesen Tag warten müssen.
Eine schwere Geduldsprobe war das schon gewesen. Zuerst Arbeitsdienst, ein halbes Jahr, das kein Ende nehmen wollte. Und dann, als sie eben zum Sprung in die ersehnte Freiheit ansetzte, eine

Alexander Schmorell, München, geboren am 16.9.1917,
Student der Medizin,
hingerichtet am 13.7.1943

neue Schranke: noch ein weiteres halbes Jahr Kriegshilfsdienst. Sie wollte gewiß nicht sentimental sein, aber was sie da gelitten hatte... Die Arbeit hatte sie nicht gefürchtet; aber das andere, den Zwang, den Massenbetrieb im Lager, die Schablone. Und auch dies wäre noch zur Not zu ertragen gewesen, wenn nicht ihre Überzeugung sie in eine tiefe, ununterbrochene Abwehrstellung gezwungen hätte. War es nicht eine unverzeihliche Charakterlosigkeit von ihr, wenn sie auch nur einmal eine Hand für einen Staat rührte, dessen Fundamente doch Lüge, Haß und Unfreiheit waren? »Ich möchte, daß ihr gerade und frei durchs Leben geht«, hatte der Vater gesagt. Wie unsäglich schwer das sein konnte. Sophie hatte diesen Konflikt manchmal wie eine übergroße Last empfunden und war damit unter den vielen Mädchen beim Arbeitsdienst einsam geworden. So hielt sie sich ganz im Hintergrund und versuchte den Eindruck zu erwekken, als sei sie nicht da. Mochten die andern Mädchen von ihr denken, was sie wollten. Was Heimweh und Verlassenheit war, das hatte sie damals erfahren. Aber zwei Dinge hatte sie sich bewahrt von daheim, von der anderen Welt, und an denen hielt sie fest. Sie waren wie Pfähle in diesem Meer von Fremdheit und Widersinn. Das eine war das Bedürfnis – vielleicht war es ein Schutz gegen eine unappetitliche Umgebung –, ihren Körper in besonderem Maße zu pflegen. Ihr Geist aber suchte bei den Gedanken des Augustinus Halt. In diesem Lager war es sogar verboten, eigene Bücher zu haben. Ihren Augustinus-Band jedoch hielt sie an einem sicheren Platz verborgen. Es gab in jenen Jahren eine Renaissance der theologischen Literatur, die von den Kirchenvätern bis zu den Scholastikern mit Thomas von Aquin als der zentralen Figur reichte, und weiter zu kühnen Nachfolgern in der modernen französischen Philosophie und Theologie. Sie erfaßte auch Kreise, welche außerhalb der offiziellen Gläubigkeit standen. Bei Augustinus fand Sophie diesen Satz, der für sie geschrieben schien, ganz genau für sie, obwohl er schon über tausend Jahre alt war: »Du hast uns geschaffen hin zu Dir, und unruhig ist unser Herz, bis es Ruhe findet in Dir.« Ach, es war ja nicht mehr das Kinderheimweh, es ging viel weiter, und Sophie empfand die Welt manchmal als einen fremden, öden, von Gott verlassenen Raum. Die Menschen hatten die Fähigkeit entwickelt, in Spezialisierung und

Zusammenarbeit das feingliedrige Gebäude der Kultur aufzubauen. Und immer wieder fielen sie in den Zustand zurück, sich zu
negieren und ihre Werke gegenseitig zu zerstören, schließlich nicht
nur ihre Werke, sondern sich selbst.

Sophie hatte in der Nähe des Lagers eine kleine Kapelle entdeckt.
Manchmal war sie dorthin gegangen. Schön war es gewesen, an der
Orgel zu sitzen und zu spielen – und dazwischen nichts zu tun als
nachzudenken und in die Natur hinauszuhorchen, in der sich ihre
zerrissene Welt sanft ineinanderfügte und wieder Ordnung und
Sinn gewann. Jede freie Stunde hatte sie genützt, um hinauszu-
schlüpfen in den großen Park um das Lager, der überall in Wald und
Wiese überging. Ganz still hatte sie dagelegen, selbst ein kleines
Stück Natur. Wie schön war der Umriß einer Tanne, in welcher
Gelassenheit lebte solch ein Baum dahin. Wie schön das Moos an
seinem Stamm, das so selbstverständlich von seinen Kräften zehrte.
Das Leben, wie groß war es und unfaßlich. Sophie fühlte, daß ihre
Haut fein und porös geworden war, als könne sie es einatmen, das
wunderbare, schöne Dasein der Dinge. Doch dann brach der Kon-
flikt wieder in ihrem Herzen auf und zog die ganze Welt hinein in
seine Traurigkeit.

Jetzt aber war sie frei. Und morgen wollte sie nach München fahren, ihr Leben selbst formen, an die Universität, zu Hans...

Die Mutter stand immer noch in der Diele und bügelte. Sorgfältig
fuhr sie mit dem Eisen über Sophies Bluse. Nun war sie also auch so
weit, ihr kleiner, eigenwilliger Wisch. Was wohl aus ihr werden
würde? Eine Welle von Hoffnung rann durch das Herz der Mutter.
Ach, sie würde ihre Sache schaffen, wohin sie auch gestellt würde,
ihr glückte doch alles, was sie in die Hände nahm. Die Gedanken
der Mutter wanderten weiter, von einem Kind zum andern. Sie
blieben am Jüngsten haften. Der war in Rußland. Was er wohl jetzt
im Augenblick tat? Wenn nur der Krieg erst zu Ende wäre und sie
alle wieder um den Tisch versammelt wären. Sie kniete am Boden
und machte den Koffer zu. »Sie sind in Gottes Hand«, sagte sie und
fing an aufzuräumen. Dazu sang sie leise, und plötzlich merkte sie,
daß es das alte Lied war, mit dem sie oft ihre Kinder in den Schlaf
gesungen hatte. »Breit aus die Flügel beide...«

Sophie Scholl, Ulm, geboren am 9.5.1921,
Studentin der Biologie und Philosophie,
hingerichtet am 22.2.1943

Unsere Mutter gehörte nicht zu der Art von mütterlichen Wesen, die ständig in Angst und Sorge um die ihr Anvertrauten verharrten. Im Gegenteil, sie hielt sich zurück mit Ermahnungen, wenn Hans und Werner zu ihren abenteuerlichen Fahrten aufbrachen. Einmal, als sie heimkehrten, sagte sie heimlich zu mir: »Ihr ahnt ja nicht, welche Angst ich jedesmal ausstehe. Eher würde ich mir jedoch auf die Zunge beißen, als ihnen durch mein Jammern den Spaß verderben.«

Aber jetzt wurde Mutters friedliches Herz manchmal von einer großen, fremden Sorge zermartert. Vor einiger Zeit nämlich hatte es zu ungewöhnlicher Morgenstunde geklingelt, und drei Männer von der Geheimen Staatspolizei hatten Vater zu sprechen gewünscht. Zuerst hatte es zwischen ihnen eine längere Unterredung gegeben, danach eine Durchsuchung der Wohnung, dann waren sie gegangen und hatten Vater mitgenommen. An diesem Tag spürten wir bis ins Mark, daß wir entsetzlich ohnmächtig waren. Was war denn ein Mensch in diesem Staat? Ein bißchen Staub, das man mit der Fingerspitze wegtupfte. Nur durch einen besonders glücklichen Umstand wurde Vater wieder aus dem Gefängnis entlassen. Aber es wurde ihm bedeutet, daß der ›Fall‹ noch nicht erledigt sei. Mein Vater war durch eine Angestellte angezeigt worden, der er unvorsichtigerweise seine eigene Meinung über Hitler gesagt hatte. Er hatte ihn vor ihren Ohren eine Gottesgeißel der Menschheit genannt.

Was wird nun weiter werden? Manchmal waren wir voller Hoffnung, daß sich doch alles noch zum Guten wenden werde. Doch immer wieder kroch dieses eisige, quälende Gefühl in unseren Herzen empor, daß eine furchtbare Pranke über uns war, die jede Minute niederfallen konnte; und niemand wußte, wer das nächste Opfer war.

»Dies Kind soll unverletzt sein«, sang die Mutter beharrlich ihr Lied zu Ende. Heute verdrängten Sophies Freude und die vielerlei Vorbereitungen für ihre Abreise die Sorge aus ihrem Herzen.

Ich sehe sie noch vor mir, meine Schwester, wie sie am nächsten Morgen dastand, reisefertig und voll Erwartung. Eine gelbe Margerite aus Mutters Garten steckte an ihrer Schläfe, und es sah schön aus, wie ihr so die dunkelbraunen Haare glatt und glänzend auf die Schultern fielen. Aus ihren großen, dunklen Augen sah sie sich die Welt an, prüfend und mit einer lebhaften Teilnahme. Ihr Gesicht war noch sehr kindlich und zart. Ein wenig von der schnuppernden Neugier eines jungen Tieres war darin und ein großer Ernst. Als Sophie endlich in die Bahnhofshalle Münchens einfuhr, sah sie schon von weitem das fröhliche Gesicht ihres Bruders. Wie da in einem Nu alles vertraut war! »Heute abend wirst du meine Freunde kennenlernen«, sagte Hans. Er ging groß und sicher neben ihr her.

Am Abend trafen sich alle in Hans' Zimmer. Neben Sophie war der gefeierte Mittelpunkt ihr Geburtstagskuchen, in jenen Jahren eine Rarität. Jemand kam auf die Idee, Gedichte vorzulesen, und die andern mußten raten, von welchem Dichter sie seien. Alle waren gefesselt von diesem Spiel. »Nun aber werde ich euch noch ein ganz schweres Rätsel aufgeben«, rief Hans enthusiastisch. Er kramte aus seiner Brieftasche ein maschinengeschriebenes Blatt hervor und las:

>»Aus dunkler Höhle fährt
>Ein Schächer, um zu schweifen;
>Nach Beuteln möcht er greifen
>Und findet bessern Wert:
>Er findet einen Streit
>Um nichts, ein irres Wissen,
>Ein Banner, das zerrissen,
>Ein Volk in Blödigkeit.

>Er findet, wo er geht,
>Die Leere dürftger Zeiten,
>Da kann er schamlos schreiten,
>Nun wird er ein Prophet;
>Auf einen Kehricht stellt

Er seine Schelmenfüße
Und zischelt seine Grüße
In die verblüffte Welt.

Gehüllt in Niedertracht
Gleichwie in einer Wolke,
Ein Lügner vor dem Volke,
Ragt bald er groß an Macht
Mit einer Helfer Zahl,
Die, hoch und niedrig stehend,
Gelegenheit erspähend,
Sich bieten seiner Wahl.

Sie teilen aus sein Wort,
Wie einst die Gottesboten
Getan mit den fünf Broten,
Das kleckert fort und fort!
Erst log allein der Hund,
Nun lügen ihrer tausend;
Und wie ein Sturm erbrausend,
So wuchert jetzt sein Pfund.

Hoch schießt empor die Saat,
Verwandelt sind die Lande,
Die Menge lebt in Schande
Und lacht der Schofeltat!
Jetzt hat sich auch erwahrt,
Was erstlich war erfunden:
Die Guten sind verschwunden,
Die Schlechten stehn geschart!

Wenn einstmals diese Not
Lang wie ein Eis gebrochen,
Dann wird davon gesprochen
Wie von dem schwarzen Tod;
Und einen Strohmann bau'n

Die Kinder auf der Heide,
Zu brennen Lust aus Leide
Und Licht aus altem Graun.«

Einen Augenblick lang herrschte Stille. »Das ist ausgezeichnet«, sagte Christl verblüfft. »Großartig, Hans, das mußt du dem Führer widmen. Das gehört in den Völkischen Beobachter«, rief Alex entzückt über den Doppelsinn der Verse. Von wem mochte das Gedicht sein? – »Es wurde im vorigen Jahrhundert geschrieben, von Gottfried Keller.« – »Um so besser: dann können wir es drucken lassen, ohne Honorar bezahlen zu müssen, und mit dem Flugzeug über ganz Deutschland ausstreuen.«
Sophie fiel die Weinflasche ein. Alex schlug vor, den Wein im Englischen Garten zu kühlen. »Schaut euch doch den Mond an, groß und goldgelb wie ein gut geratenes Spiegelei. Wir müssen ihn genießen.« Sie gingen in den Englischen Garten und zogen die Flasche an einer langen Schnur übermütig durch den kalten Eisbach. Alex hatte die Balalaika mitgenommen und begann zu singen. Hans griff nach der Gitarre. Sie waren plötzlich wie hingerissen und sangen, wild, fröhlich und verzaubert.


Sophie wohnte diese Nacht bei ihrem Bruder. Sie dachte noch über den Abend nach. Zuerst hatten die Studenten von ihrer Arbeit in den Krankenhäusern und Lazaretten erzählt, in denen sie während der Ferien Dienst machten. »Es gibt nichts Schöneres, als so von Bett zu Bett zu gehen und das gefährdete Leben in den Händen zu halten. Da finde ich Augenblicke, in denen ich uneingeschränkt glücklich bin«, hatte Hans gesagt. »Aber ist es nicht ein Unsinn«, fragte da plötzlich jemand, »daß wir daheim in unseren Zimmern sitzen und lernen, wie man Menschen heilt, während draußen der Staat täglich zahllose junge Menschenleben in den Tod treibt? Worauf warten wir eigentlich? Bis eines Tages der Krieg zu Ende ist und alle Völker auf uns deuten und sagen, wir haben eine solche Regierung widerstandslos ertragen?«
Auf einmal war das Wort Widerstand gefallen. Sophie entsann sich

Christoph Probst, München, geboren am 6.11.1919,
Student der Medizin,
hingerichtet am 22.2.1943

nicht mehr, wer es zuerst gesagt hatte. In allen Ländern Europas erwachte er unter der Not und Angst und Unterdrückung, die mit Hitlers Herrschaft einzogen.

Noch im Einschlafen ging Sophie das Gedicht von Gottfried Keller durch den Sinn, und halb träumend sah sie einen blauen Himmel über Deutschland, voll flatternder Flugblätter, die zur Erde niederwirbelten. »Man sollte einen Vervielfältigungsapparat haben«, hörte sie plötzlich Hans sagen.

»Wie?«

»Ach, vergiß es wieder, Sophielein, ich wollte dich nicht stören.«


Durch einen jungen evangelischen Theologen erhielten wir damals Kenntnis von den ›Korrekturen‹, die man von Staats wegen vorbereitete, um sie nach dem Endsieg an den Glaubensgrundsätzen des Christentums vorzunehmen.

Grauenvolle und lästerliche Eingriffe, die man heimlich hinter dem Rücken der Männer plante, welche an den Fronten standen und unbeschreibliche Strapazen aushalten mußten.

Ebenso geheimnisvoll bereitete man Anordnungen für Mädchen und Frauen vor. Sie sollten nach dem Kriege diesen furchtbaren Menschenverlust durch eine ebenso planmäßige wie schamlose Bevölkerungspolitik wiedergutmachen. Schon Gauleiter Gießler hatte in einer großen Studentenversammlung den Studentinnen zugerufen, sie sollten sich während des Krieges nicht länger an den Universitäten herumdrücken, sondern »lieber dem Führer ein Kind schenken«.

Die Studenten hatten einen Professor entdeckt, der war, wie einer versicherte, das beste Stück an der ganzen Universität. Es war Professor Kurt Huber, Sophies Lehrer in Philosophie, der sich daneben besonders in der Volksliedforschung einen Namen gemacht hat. Bei ihm erschienen auch die Mediziner in den Vorlesungen, und man mußte früh da sein, wenn man einen Platz bekommen wollte. Wo Huber politisch stand, war für die Gesinnungsgenossen unter den Studenten unschwer aus seinen versteckten Anspielungen in seinen Vorlesungen herauszuhören. Er las über Leibniz und seine

Theodizee. Es waren herrliche Vorlesungen. Theodizee, das heißt Rechtfertigung Gottes. Die Theodizee war ein großes und schwieriges Kapitel der Philosophie. Besonders schwierig im Krieg. Denn wie lassen sich in einer Welt, über die Mord und Not rast, die Spuren Gottes erkennen?

Wenn aber ein Lehrer wie Huber sie aufwies, wurde solche Deutung zum unvergeßlichen Erlebnis, das Licht auf eine Gegenwart warf, die sich nicht nur über Gottes Ordnung hinwegsetzen, sondern Gott selbst ausmerzen wollte. Es dauerte nicht lange, da hatte Hans Bekanntschaft mit Professor Huber angeknüpft, und nun kam auch dieser zuweilen in ihren Kreis und diskutierte mit ihnen. An allen ihren Problemen war er ebenso brennend interessiert wie sie selbst. Und obgleich seine Haare schon grau wurden, war er ihresgleichen.

Noch kaum sechs Wochen war Sophie in München, da ereignete sich etwas Unglaubliches an der Universität. Flugblätter wurden von Hand zu Hand gereicht, Flugblätter, von einem Vervielfältigungsapparat abgezogen. Eine merkwürdige Erregung entstand unter der Studentenschaft. Triumph und Begeisterung, Ablehnung und Wut wogten und schwelten durcheinander. Sophie jubelte heimlich, als sie davon hörte. Also doch, es lag in der Luft. Endlich hatte einer etwas gewagt. Begierig griff sie nach einem der Blätter und begann zu lesen. ›Die Flugblätter der Weißen Rose‹, stand darüber geschrieben. »Nichts ist eines Kulturvolkes unwürdiger, als sich ohne Widerstand von einer verantwortungslosen und dunklen Trieben ergebenen Herrscherclique ›regieren‹ zu lassen...« Sophies Augen flogen weiter. »Wenn jeder wartet, bis der andere anfängt, werden die Boten der rächenden Nemesis unaufhaltsam näher und näher rücken, dann wird auch das letzte Opfer sinnlos in den Rachen des unersättlichen Dämons geworfen sein. Daher muß jeder einzelne seiner Verantwortung als Mitglied der christlichen und abendländischen Kultur bewußt in dieser letzten Stunde sich wehren, soviel er kann, arbeiten wider die Geißel der Menschheit, wider den Faschismus und jedes ihm ähnliche System des absoluten

Staates. Leistet passiven Widerstand – *Widerstand* –, wo immer Ihr auch seid, verhindert das Weiterlaufen dieser atheistischen Kriegsmaschine, ehe es zu spät ist, ehe die letzten Städte ein Trümmerhaufen sind, gleich Köln, und ehe die letzte Jugend des Volkes irgendwo für die Hybris eines Untermenschen verblutet ist. Vergeßt nicht, daß ein jedes Volk diejenige Regierung verdient, die es erträgt...«

Sophie kamen diese Worte seltsam vertraut vor, als seien es ihre eigensten Gedanken. Ein Verdacht erhob sich in ihr und griff mit eisiger Hand nach ihrem Herzen. Wie, wenn Hans' Bemerkung von dem Vervielfältigungsapparat mehr als ein achtlos hingesprochenes Wort gewesen wäre? Aber nein, nie und nie!

Als Sophie aus der Universität in die helle Sonne heraustrat, wich die Beklemmung von ihr. Wie hatte sie nur auf diesen wahnsinnigen Verdacht kommen können! In München brodelte es nun einmal an allen Ecken vor heimlicher Empörung.

Wenige Minuten später stand sie in Hans' Zimmer. Es roch nach Jasmin und Zigaretten. An den Wänden hingen, mit Stecknadeln angeheftet, einige Drucke neuerer französischer Malerei. Sophie hatte ihren Bruder heute noch nicht gesehen, wahrscheinlich war er in der Klinik. Sie wollte auf ihn hier warten. Das Flugblatt hatte sie vergessen. Sie blätterte ein wenig in den Büchern, die auf dem Tisch lagen. Da, hier war eine Stelle mit einem Lesezeichen versehen und mit einem feinen Bleistiftstrich am Rand. Ein altmodischer Klassikerband war es, von Schiller, und die aufgeschlagene Seite handelte über des Lykurgus und des Solon Gesetzgebung. Sie las: »Alles darf dem Besten des Staats zum Opfer gebracht werden, nur dasjenige nicht, dem der Staat selbst nur als ein Mittel dient. Der Staat selbst ist niemals Zweck, er ist nur wichtig als eine Bedingung, unter welcher der Zweck der Menschheit erfüllt werden kann, und dieser Zweck der Menschheit ist kein anderer, als Ausbildung aller Kräfte des Menschen, Fortschreitung. Hindert eine Staatsverfassung, daß alle Kräfte, die im Menschen liegen, sich entwickeln; hindert sie die Fortschreitung des Geistes, so ist sie verwerflich und schädlich, sie mag übrigens noch so durchdacht und in ihrer Art noch so vollkommen sein...« Wo hatte sie diese Worte gelesen, war es nicht erst heute gewesen? – Das Flugblatt! Dort standen diese Sätze. Einen langen, qualvollen Augenblick war es Sophie, als sei sie nimmer sie selbst. Eine erstickende Angst ergriff sie, und ein einziger großer Vorwurf gegen Hans erhob sich in ihr. Warum gerade er? Dachte er nicht an den Vater, an die ohnehin schon gefährdeten Lieben daheim? Warum überließ er das nicht politischen Menschen, Leuten mit Erfahrung und Routine? Warum erhielt er sein Leben nicht für eine große Aufgabe, er, mit seinen ungewöhnlichen Begabungen? Das Schrecklichste aber war dies: nun war er vogelfrei. Er hatte sich aus der letzten Zone der Sicherheit herausbegeben. Nun stand er im Bereich des Wagnisses, am Rande des Daseins, in jenem ungeheuren Bezirk, in dem schrittweise neues Land für die Menschen erobert werden muß, erkämpft, errungen, erlitten.

Sophie versuchte ihrer Angst Herr zu werden. Sie versuchte, nicht mehr an das Flugblatt zu denken, sie dachte nicht mehr an Widerstand. Sie dachte an ihren Bruder, den sie lieb hatte. Er trieb in einem Meer der Bedrohung. Durfte sie ihn jetzt allein lassen? Konnte sie hier dasitzen und zusehen, wie Hans ins Verderben lief? Mußte sie nicht gerade jetzt ihm beistehen?

Mein Gott, ließe sich nicht alles noch einmal abstoppen? Konnte sie ihn nicht ans sichere Land zurückziehen und ihn den Eltern, sich selbst, der Welt und dem Leben erhalten? Aber sie wußte genau: er hatte die Grenzen, hinter denen die Menschen sich wohnlich und sicher einrichten, übersprungen. Für ihn gab es kein Zurück mehr.

Endlich kam Hans.

»Weißt du, woher die Flugblätter kommen?« fragte Sophie.

»Man soll heute manches nicht wissen, um niemanden in Gefahr zu bringen.«

»Aber Hans. Allein schafft man so etwas nicht. Daß heute nur noch einer von einer solchen Sache wissen darf, zeigt doch, wie unheimlich diese Macht ist, die es fertigbringt, die engsten menschlichen Beziehungen zu zerfressen und uns zu isolieren. Allein kommst du gegen sie nicht an.«

In der darauffolgenden Zeit erschienen in kurzen Abständen drei weitere Blätter der Weißen Rose. Sie tauchten auch außerhalb der Universität auf, in ganz München flatterten sie da und dort in die Briefkästen. Und auch in anderen süddeutschen Städten wurden sie verbreitet.

Dann sah man nichts mehr von ihnen.

In der Studentenkompanie ging das Gerücht, daß die Medizinstudenten während der Semesterferien zu einem Fronteinsatz nach Rußland abkommandiert werden sollten. Über Nacht, kurz vor Abschluß des Semesters, wurde dieses Gerücht durch einen Befehl Wirklichkeit. Von einem Tag auf den andern mußten sie sich zum Abtransport nach Rußland bereit machen.

Wieder hatten sich die Freunde versammelt; es war der letzte Abend vor dem Transport. Sie wollten Abschied feiern. Professor Huber war auch gekommen, und noch einige weitere zuverlässige Studenten hatte man eingeladen. Obwohl es schon Wochen zurücklag, standen alle noch unter dem Eindruck der Flugblätter. Inzwischen hatten sich auch die andern in ähnlich behutsamer Weise wie Sophie neben Hans gestellt und waren zu Mitwissenden und zu Mittragenden der großen Verantwortung geworden. An diesem letzten Abend wollten sie noch einmal alles gründlich überblicken und besprechen, und am Ende einer ernsten Aussprache faßten sie einen Entschluß: wenn sie das Glück haben sollten, aus Rußland zurückzukehren, so sollte die Aktion der Weißen Rose sich ganz entfalten und der kühne Beginn zu sorgsam durchdachtem, hartem Widerstand werden. Man war sich darüber einig, daß dann der Kreis erweitert werden mußte. Jeder sollte mit größter Sorgfalt prüfen, wer von seinen Freunden und Bekannten zuverlässig genug wäre, um eingeweiht zu werden. Jedem sollte eine kleine, wichtige Aufgabe übertragen werden. Die Fäden des Ganzen sollten in der Hand von Hans zusammenlaufen.

»Unsere Aufgabe wird es sein«, sagte Professor Huber, »die Wahrheit so deutlich und hörbar als möglich hinauszurufen in die deutsche Nacht. Wir müssen versuchen, den Funken des Wider-

Willi Graf, Saarbrücken, geboren am 2.1.1918,
Student der Medizin,
hingerichtet am 12.10.1943

standes, der in Millionen ehrlicher deutscher Herzen glimmt, anzu-
fachen, damit er hell und mutig lodert. Die einzelnen, die verein-
samt und isoliert gegen Hitler stehen, müssen spüren, daß eine
große Schar Gleichgesinnter mit ihnen ist. Damit wird ihnen Mut
und Ausdauer gegeben. Darüber hinaus müssen wir versuchen,
diejenigen Deutschen, die sich noch nicht klar geworden sind über
die dunklen Absichten unseres Regimes, aufzuklären und auch in
ihnen den Entschluß zu Widerstand und aufrechter Abwehr zu
wecken. Vielleicht gelingt es in letzter Stunde, die Tyrannis abzuschütteln und den wunderbaren Augenblick zu nützen, um gemeinsam mit den anderen Völkern Europas eine neue, mensch-
lichere Welt aufzubauen.«
»Und wenn es nicht gelingt?« erhob sich eine Frage. »Ich zweifle
sehr, daß es möglich sein wird, gegen diese eisernen Wände von
Angst und Schrecken anzurennen, die jeden Willen zur Erhebung
schon im Keim ersticken.«
»Dann müssen wir es trotzdem wagen«, entgegnete Christl leiden-
schaftlich. »Dann haben wir durch unsere Haltung und Hingabe zu
zeigen, daß es noch nicht aus ist mit der Freiheit des Menschen.
Einmal muß das Menschliche hoch emporgehalten werden, dann
wird es eines Tages wieder zum Durchbruch kommen. Wir müssen
dieses Nein riskieren gegen eine Macht, die sich anmaßend über das
Innerste und Eigenste des Menschen stellt und die Widerstrebenden
ausrotten will. Wir müssen es tun um des Lebens willen – diese
Verantwortung kann uns niemand abnehmen. Der Nationalsozialismus ist der Name für eine böse, geistige Krankheit, die unser
Volk befallen hat. Wir dürfen nicht zusehen und schweigen, wenn
es langsam zerrüttet wird.«
Lange saßen sie in dieser Nacht beisammen. In solchen Gesprächen,
im Für und Wider der Meinungen und Bedenken erwarben sie sich
die klare, feste Schau, die notwendig war, um innerlich zu bestehen. Denn es kostete keine geringe Kraft, gegen den Strom zu
schwimmen. Schwieriger aber und bitterer noch war es, dem eigenen Volk die militärische Niederlage wünschen zu müssen; sie
schien die einzige Möglichkeit zu sein, es von dem Parasiten zu
befreien, der sein innerstes Mark aussaugte.

Dann waren die Studenten fortgezogen. München war für Sophie leer und fremd geworden. Mit Beginn der Semesterferien fuhr sie nach Hause.

Sophie war noch nicht lange daheim, da erhielt der Vater mit der Morgenpost eine Anklageschrift vom Sondergericht. Eine Verhandlung wurde inszeniert, bei der er zu vier Monaten Gefängnis verurteilt wurde.

Der Vater im Gefängnis und die Brüder und Freunde alle an der Front in Rußland, unerreichbar fern.

Es war sehr still geworden daheim. Aber schön war es trotzdem, und Sophie genoß das Zuhause. Wie ein Schiff war es, das zäh und stetig auf dem tiefen, unheimlichen Meer dieser Zeit trieb. Wie ein Schiff – aber das bebte und zitterte manchmal – wie ein Boot auf dunklen, unberechenbaren Wogen.

Bei einem Gewitter war sie mit dem kleinen Jungen, der im Haus wohnte und den Sophie sehr liebte, auf die Plattform des Daches gestiegen, um rasch noch die Wäsche vor dem anziehenden Gewitterregen zu retten. Bei einem gewaltigen Donnerschlag blickte das Kind angstvoll zu ihr auf. Da zeigte sie ihm den Blitzableiter. Nachdem sie ihm dessen Funktion erklärt hatte, fragte er: »Aber weiß der liebe Gott denn auch etwas von dem Blitzableiter?«

»Er weiß alle Blitzableiter und noch viel mehr, sonst stünde sicherlich kein Steinchen mehr auf dem andern in dieser Welt. Du brauchst keine Angst zu haben.«

Ab und zu erhielt Mutter Besuch von ihren früheren Freundinnen, den Diakonissenschwestern aus Schwäbisch-Hall. Dort war eine große Heilanstalt für geisteskranke Kinder.

Eines Tages kam wieder eine der Schwestern; sie war traurig und verzagt, und wir wußten nicht, wie wir ihr helfen konnten. Schließlich erzählte sie den Grund ihres Kummers. Ihre Schützlinge wurden seit einiger Zeit truppweise von Lastwagen der SS abgeholt und vergast. Nachdem die ersten Trüppchen von ihrer geheimnisvollen Fahrt nicht wiederkehrten, ging eine merkwürdige Unruhe durch die Kinder in der Anstalt. »Wo fahren die Wagen hin, Tante?« – »Sie fahren in den Himmel«, antworteten die Schwestern in ihrer ohnmächtigen Ratlosigkeit. Von da an stiegen die Kinder singend in die fremden Wagen.

»Aber nur über meine Leiche«, soll ein Arzt einer solchen Anstalt gesagt haben. Es wurde erst später bekannt, daß ein zähes Entgegentreten gegen diese Mordpraktiken nicht erfolglos gewesen war. So konnte Pastor Fritz von Bodelschwingh gemeinsam mit seinem Mitarbeiter Pastor Paul-Gerhard Braune erreichen, daß die Tötungspläne der Nazis in Bethel nicht durchgesetzt werden konnten. Ein Soldat kam auf Urlaub aus Rußland nach Hause. Er war der Vater eines solchen Kindes, und er hörte nicht auf zu hoffen, daß es wieder seine gesunden Sinne bekommen würde. Er liebte dieses Wesen, wie man eben nur sein eigenes Kind lieben kann. Aber als er aus Rußland nach Hause kam, war es nicht mehr am Leben.


Ein glücklicher Zufall hatte Hans an der Front in die Nähe des jüngsten Bruders geführt. Diese Freude und Überraschung, als da plötzlich mitten im weiten Rußland eine wohlvertraute Stimme vor dem Bunker nach Werner fragte.

An einem goldenen Spätsommertag erhielt Hans die Nachricht von Vaters Verurteilung. Er nahm ein Pferd und machte sich gleich auf den Weg zu Werner. »Ich habe einen Brief von zu Hause«, sagte Hans und reichte ihn dem kleinen Bruder hin. Der las und sagte kein Wort. Er sah mit zusammengekniffenen Augen in die Ferne und schwieg. Da tat Hans etwas Ungewöhnliches. Er legte die Hand auf die Schulter des Bruders und sagte: »Wir müssen das anders tragen als andere. Das ist eine Auszeichnung.«

Hans ritt langsam zu seiner Kompanie zurück. Eine grenzenlose Wehmut erfüllte ihn. Erinnerungen stiegen in ihm auf.

Sie hatten während des Transports an einer polnischen Station einige Minuten Aufenthalt gehabt. Am Bahndamm sah er Frauen und junge Mädchen gebückt, die mit Eisenhacken in den Händen schwere Männerarbeit taten. Sie trugen den gelben Zionsstern an der Brust. Hans schwang sich aus dem Fenster seines Wagens und ging auf die Frauen zu. Die erste in der Reihe war ein junges, abgezehrtes Mädchen, mit schmalen Händen und einem intelligenten, schönen Gesicht, in dem eine große Trauer stand. Hatte er denn nichts bei sich, das er ihr schenken konnte? Da fiel ihm seine ›Eiserne Ration‹ ein, ein Gemisch von Schokolade, Rosinen und Nüssen, und er steckte es ihr zu. Das Mädchen warf es ihm mit einer gehetzten Gebärde vor die Füße. Er hob es auf, lächelte ihr ins Gesicht und sagte: »Ich hätte Ihnen so gerne eine kleine Freude gemacht.« Dann bückte er sich, pflückte eine Margerite und legte sie mit dem Päckchen zu ihren Füßen nieder. Aber schon rollte der Zug an, und mit ein paar langen Sätzen sprang Hans auf. Vom Fenster aus sah er, daß das Mädchen dastand und dem Zug nachblickte, die weiße Margerite im Haar.

Dann sah er die Augen eines jüdischen Greises, der am Ende eines Menschenzuges zur Zwangsarbeit ging. Es war ein ausgeprägtes Gelehrtengesicht. Ein Leid stand darin, wie Hans es noch nie gesehen hatte. Ratlos griff er nach seinem Tabaksbeutel und drückte ihn dem Alten heimlich in die Hand. Nie würde Hans den jähen Anflug von Glück vergessen, der in diesen Augen erglomm.

Und dann dachte er an jenen Frühlingstag in einem Heimatlazarett. Einer der Verwundeten sollte entlassen werden, man hatte ihn großartig zusammengeflickt. Aber kurz vor seiner Entlassung begann die Wunde plötzlich wieder zu bluten. Alle Bemühungen waren vergebens. Der Mann verblutete unter den Händen der Ärzte. Erschüttert ging Hans hinaus. Da begegnete er auf dem Gang der jungen Frau des Verbluteten, die ihren Mann abholen wollte, selig vor Erwartung, mit einem bunten Blumenstrauß in den Armen.

Wann endlich, wann erkannte der Staat, daß ihm nichts höher sein sollte als das bißchen Glück der Millionen kleiner Menschen? Wann endlich ließ er ab von Idealen, die das Leben vergaßen, das kleine, alltägliche Leben? Und wann sah er ein, daß der unscheinbarste, mühseligste Schritt zum Frieden für den einzelnen wie für die Völker größer war als gewaltige Siege in Schlachten?

Hans' Gedanken wanderten zum Vater ins Gefängnis.

Als Hans im Spätherbst 1942 mit seinen Freunden aus Rußland heimkehrte, war auch der Vater wieder in Freiheit.

Die Erlebnisse an der Front und in den Lazaretten hatten Hans und seine Freunde reifer und härter gemacht. Sie hatten ihnen noch eindringlicher und klarer die Notwendigkeit gezeigt, diesem Staat mit seinem furchtbaren Vernichtungswahn entgegenzutreten. Die Freunde hatten gesehen, wie dort draußen das Leben aufs Spiel gesetzt und verschwendet wurde. Wenn schon das Leben riskiert werden sollte, warum nicht gegen die Ungerechtigkeit, die zum Himmel schrie. Nun waren sie zurückgekehrt; nun sollte auch mit dem Entschluß, den sie an jenem Abschiedsabend gefaßt hatten, Ernst gemacht werden.

In der Nähe der Wohnung meiner Geschwister gab es ein Hinterhaus mit einem geräumigen Atelier. Ein Künstler, der dem Freundeskreis sehr nahe stand, hatte es ihnen zur Verfügung gestellt, als er selbst an die Front mußte. Niemand sonst wohnte in dem Häuschen. Hier trafen sie sich nun oft. Und manchmal kamen sie bei Nacht zusammen und arbeiteten Stunden um Stunden im Keller des Ateliers am Vervielfältigungsapparat. Das war eine große Geduldsprobe, Tausende und Tausende von Blättern abzuziehen. Aber auch eine große Befriedigung erfüllte sie dabei, endlich aus der Untätigkeit und Passivität herauszutreten und zu arbeiten. Manche fröhliche Nacht mögen sie so bei der Arbeit verbracht haben. Aber diese Freude wurde von übermenschlicher Sorge überschattet. Sie empfanden schmerzlich, wie grenzenlos isoliert sie waren, und daß vielleicht die besten Freunde sich entsetzt zurückziehen würden, wüßten sie davon. Denn allein das Mitwissen war ja eine ungeheure Gefährdung. Sie waren sich in solchen Stunden voll bewußt, daß sie auf einem schmalen Grat gingen. Wer wußte denn, ob man ihnen nicht inzwischen schon auf der Spur war, ob die Nachbarn, die sie arglos grüßten, nicht schon ein Unternehmen eingeleitet hatten, sie alle zu fangen? Ob hinter ihnen irgendeiner auf der Straße ging, der ihre Wege beobachtete? Ob nicht schon die Abdrücke ihrer Finger aufgenommen waren? Der feste Boden der Stadt war zu einem brüchigen Gewebe geworden; würde er sie morgen noch tragen? Jeder Tag, der zu Ende ging, war ein Ge-

schenk des Lebens, und jede Nacht, die hereinbrach, brachte die
Sorge um das Morgen, und nur der Schlaf war eine barmherzige
Decke. Die Sehnsucht, nur einmal das schwere, gefährliche Tun
abzuschütteln und frei und wieder unbeschwert zu sein, ergriff sie
zuweilen mit großer Gewalt. Es gab Augenblicke und Stunden, da
es ihnen einfach zu schwer werden wollte, und in denen die Unsicherheit und die Angst wie ein Meer über ihnen zusammenschlug
und ihren Mut begrub. Dann blieb ihnen nichts mehr, als in ihr
eigenes Herz hinabzusteigen, dorthin, wo ihnen eine Stimme
sagte, daß sie recht taten, und daß sie es tun müßten, auch wenn
sie ganz allein in der Welt stünden. Ich glaube, in solchen Stunden
haben sie frei mit Gott sprechen können, mit ihm, dem sie tastend
in ihrer Jugend nachgingen. In dieser Zeit wurde ihnen Christus
der seltsame, große Bruder, der immer da war, noch näher als der
Tod. Der Weg, der kein Zurück duldete, die Wahrheit, die auf so
viele Fragen Antwort gab, und das Leben, das volle, erfüllte Leben.

Eine weitere wichtige Arbeit neben der Herstellung der Flugblätter war ihre Verbreitung. Sie sollten ja in möglichst viele Städte
gelangen, sollten wirken, so weit es nur ging. Nie zuvor hatten sie
etwas Ähnliches getan. Alles mußte ausgedacht und probiert werden. Welche Möglichkeiten gab es, die Flugblätter in die Hände
der Leute zu spielen? An welchen Plätzen und Orten mußte man
sie niederlegen, damit möglichst viele Augen sie entdeckten, ohne
jedoch die Spur zu den Urhebern zu finden? Sie packten sie in
Koffer und fuhren mit ihrer gefährlichen Ware selbst in die großen
Städte Süddeutschlands, um sie dort zu verbreiten, nach Frankfurt, Stuttgart, Wien, Freiburg, Saarbrücken, Mannheim, Karls-
ruhe.

Sie mußten ihr Gepäck irgendwo an einem unauffälligen Ort im
Zug abstellen, sie mußten es durchbringen durch die zahlreichen
Streifen von Wehrmacht, Kriminalpolizei oder gar Gestapo, die die
Züge und manchmal auch die Koffer kontrollierten. Und in den
Städten, in denen sie oft bei Nacht ankamen und in die Flieger-
alarme hineingerieten, mußten sie versuchen, ihren Auftrag ge-
schickt und lohnend zu erledigen. Welch ein Sieg, wenn man eine

solche Reise glücklich bestanden hatte und im Zug erleichtert und befreit schlafen konnte, den leeren Koffer harmlos über sich im Gepäcknetz. Und welche Sorge bei jedem Blick, der sich an einen heftete. Welcher Schrecken, sooft ein Mensch auf einen zukam – und welche Erleichterung, wenn er vorbeiging. Herz und Kopf, Sinn und Verstand arbeiteten unablässig, ob jede Möglichkeit, die Spur zu verdecken, beachtet war. Freude und das Gefühl des Erfolgs, Kummer und Sorge, Zweifel und Wagnis – so gingen die Tage dahin.

Immer häufiger erschienen in den Zeitungen kurze Nachrichten über Todesurteile, die der Volksgerichtshof über einzelne Menschen verhängt hatte, weil sie sich gegen den Tyrannen ihres Volkes erhoben, und sei es nur in Worten. Heute war es ein Pianist, morgen ein Ingenieur, ein Arbeiter oder der Direktor eines Werkes. Dazwischen Priester, ein Student, oder ein hoher Offizier, wie Udet, der genau in dem Augenblick abstürzte, als er unbequem zu werden begann. Menschen verschwanden lautlos von der Bildfläche, erloschen wie Kerzen im Sturmwind. Und wer nicht lautlos verschwinden konnte, bekam ein Staatsbegräbnis. Ich erinnere mich noch genau an die Beerdigung Rommels. Obwohl es ein offenes Geheimnis war, daß ihn Hitlers Schergen zum Selbstmord gezwungen hatten, war in Ulm alles, was eine braune Uniform besaß, aufgeboten worden, um der Feier beizuwohnen, vom kleinsten Pimpf bis zum ältesten SA-Mann. Und ich entsinne mich noch, wie ich an den Fahnen vorbeischlich, um sie nicht grüßen zu müssen.
Die letzten Seiten der Zeitungen waren bedeckt mit den Todesanzeigen der Gefallenen, mit den eigentümlichen eisernen Kreuzen. Die Zeitungen sahen aus wie Friedhöfe.
Nur die Titelseite vorne hatte einen anderen Charakter. Sie war bestimmt durch unerträglich große Schlagzeilen wie diese: »Haß ist unser Gebet – und der Sieg unser Lohn.« Und dicke rote Balken waren daruntergesetzt, die aussahen wie zorngeschwollene Adern.
Haß ist unser Gebet...

Wir werden weitermarschieren, bis alles in Scherben fällt...

Die Zeitungen waren wie Minenfelder. Es bekam einem nicht gut, sie zu durchwandern. Wie ein Minenfeld war die ganze Zeit, war ganz Deutschland – armes, verdunkeltes Vaterland.

Die Zeitungen waren verschwiegen und wortkarg, nicht nur wegen der Papierknappheit. Sie hatten die Aufgabe, die totale Verdunklung des deutschen Geistes mitzuvollziehen. Sie verrieten kein Wort von dem Dorfgeistlichen, der ins Gefängnis gebracht wurde, weil er einen erschlagenen Kriegsgefangenen, der in seinem Dorf Zwangsarbeit hatte tun müssen, öffentlich in sein sonntägliches Vaterunser eingeschlossen hatte.

Sie berichteten kein Wort davon, daß täglich nicht nur ein Todesurteil, sondern Dutzende gefällt wurden. Die Wochenschau schaute weiß Gott nicht in die Gefängnisse, die beinahe barsten vor Überfüllung, obwohl ihre Insassen mehr Schatten und Skeletten als menschlichen Körpern glichen. Sie sah nicht die blassen Gesichter dahinter, sie hörte nicht die klopfenden Herzen, nicht den stummen Schrei, der durch ganz Deutschland ging.

Sie erwähnte nicht die junge Frau, die nach dem Fliegerangriff mit dem einzigen, was ihr geblieben war im kleinen Reisekoffer, ihrem toten Kind, durch Dresden irrte und einen Friedhof suchte, es zu begraben.

Sie konnte auch nichts von dem einfachen deutschen Soldaten wissen, den plötzlich mitten in Rußland ein Grauen überfiel, als er eine Mutter furchtlos zwischen den Fronten einhergehen sah, entschlossen ihr totes Kind an der Hand nachziehend, von dem sie sich auch bei gütlichstem Zureden nicht zu trennen gedachte.

Die Zeitung konnte auch dem Gespräch nicht zuhören, das zwischen dem Freund meines Vaters und einem Gefängnisgeistlichen in einem Kurort stattfand, in dem sich der Geistliche von einem Nervenzusammenbruch erholte. Er hatte täglich mehrere Todeskandidaten zum Schafott begleiten müssen.

Die Zeitung hatte auch nicht das fahle Gesicht jenes Häftlings gesehen, der nach der Verbüßung seiner Gefängnisstrafe zuerst strahlend an der Pforte erschien, um seinen Entlassungsschein und seine kleinen Habseligkeiten in Empfang zu nehmen, statt dessen jedoch einen Einweisungsbefehl in ein Konzentrationslager erhielt. Es erschien uns manchmal wie ein Wunder, daß es doch noch Frühling wurde. Der Frühling kam und brachte Blumen in die entleerte und rationierte Welt, er brachte Hoffnung, und die Kinder auf den Straßen spielten ihre uralten Spiele. Und in der Straßenbahn Münchens sangen ein paar Kinder unbekümmert: »Es geht alles vorüber, es geht alles vorbei – auch Adolf Hitler und seine Partei.« Sie waren auf ihre Art vogelfrei.

Die Erwachsenen aber, sie wagten kaum zu lachen, obwohl man ihnen ansah, welche Befreiung es für sie bedeutet hätte.

An einem Abend wartete Sophie auf Hans. Sie wohnten seit einiger Zeit zusammen in zwei großen Zimmern. Ihre Vermieterin war meist auf dem Land, weil sie sich vor den Bombern fürchtete, die Nacht für Nacht über München kreisten. Sophie hatte von daheim ein Paket erhalten mit Äpfeln, Butter, einer großen Dose Marmelade, einem Riesenstück Kranzbrot und sogar Plätzchen. Welcher Reichtum in dieser ausgehungerten Zeit – das gemeinsame Abendbrot sollte diesmal ein Fest werden. Sophie wartete und wartete. Sie war fröhlich wie schon lange nicht mehr. Den Tisch hatte sie gedeckt, und das Teewasser fing an zu sprudeln.

Es war dunkel geworden. Und keine Spur von Hans. Sophies freudige Erwartung wich einer steigenden Ungeduld. Sie hätte so gerne bei allen Freunden herumtelefoniert, um zu erfahren, wo er war. Aber das ging nicht. Vielleicht überwachte die Gestapo das Telefon. Sophie ging an ihren Schreibtisch. Sie wollte wenigstens versuchen, ein wenig zu zeichnen. Lange schon war sie nicht mehr dazu gekommen. Zum letztenmal mit Alex im vergangenen Sommer. Aber diese entsetzliche Zeit erstickte ja alles, was nicht bloßer Existenzkampf war. Ein Manuskript lag auf ihrem Tisch, ein Märchen, das sie sich früher als Kinder einmal ausgedacht hatten, und das nun ihre Schwester für sie aufgeschrieben hatte, weil Sophie so gerne ein richtiges Bilderbuch machen wollte. Ach nein, zeichnen konnte sie jetzt auch nicht, das Warten und die Sorge fraßen ihre Phantasie ganz auf. Warum kam Hans nicht?

Woran sie auch dachte, es gab keinen Ausweg. Die ganze Welt lag unter einem Nebel von Traurigkeit. Konnte je wieder die Sonne durchdringen? Das Gesicht der Mutter fiel ihr ein. Zuweilen hatte es einen Zug von Schmerz um die Augen und um den Mund, für den es keine Worte gab. Mein Gott – und so Tausende und aber Tausende von Müttern...

Damals schrieb Sophie in ihr kleines Tagebuch: »Viele Menschen glauben von unserer Zeit, daß sie die letzte sei. Alle die schrecklichen Zeichen könnten es glauben machen. Aber ist dieser Glaube nicht von nebensächlicher Bedeutung? Denn muß nicht jeder Mensch, einerlei in welcher Zeit er lebt, dauernd damit rechnen, im nächsten Augenblick von Gott zur Rechenschaft gezogen zu werden? Weiß ich denn, ob ich morgen früh noch lebe? Eine Bombe könnte uns heute nacht alle vernichten. Und dann wäre meine Schuld nicht kleiner, als wenn ich mit der Erde und den Sternen zusammen untergehen würde. – Ich kann es nicht verstehen, wie heute ›fromme‹ Leute fürchten um die Existenz Gottes, weil die Menschen seine Spuren mit Schwert und schändlichen Taten verfolgen. Als habe Gott nicht die Macht (ich spüre, wie alles in seiner Hand liegt), die *Macht*. Fürchten bloß muß man um die Existenz der Menschen, weil sie sich von ihm abwenden, der ihr Leben ist.«

In diesen Wochen hatte die Schlacht um Stalingrad ihren Höhepunkt erreicht. Tausende junger Menschen waren in den erbarmungslosen Kessel des Todes getrieben und mußten erfrieren, verhungern, verbluten. Sophie sah die müden Gesichter der Menschen in den überfüllten Zügen vor sich, über schlafende blasse Kinder gebeugt, die aus dem Rheinland und den großen Städten des Nordens flohen... Baden und schlafen hatte Thomas von Aquin als Mittel gegen Traurigkeit empfohlen. Schlafen, ja, das wollte sie jetzt. Ganz, ganz tief. Wann hatte sie das letztemal richtig ausgeschlafen?

Sie erwachte an einem vergnügten, unterdrückten Lachen und an Schritten im Flur. Endlich war Hans zurück. »Wir haben eine großartige Überraschung für dich. Wenn du morgen durch die Ludwigstraße gehst, wirst du ungefähr siebzigmal die Worte ›Nieder mit Hitler‹ passieren müssen.« »Und mit Friedensfarbe, die kriegen sie so schnell nicht wieder runter«, sagte Alex, der schmunzelnd mit Hans ins Zimmer trat. Hinter ihm erschien Willi. Er stellte schweigend eine Flasche Wein auf den Tisch. Nun konnte das Fest doch noch stattfinden. Und während die durchfrorenen Studenten sich wärmten, erzählten sie von dem kühnen Streich der Nacht.

Am andern Morgen ging Sophie ein wenig früher zur Universität als sonst. Sie machte einen Umweg und ging durch die ganze Ludwigstraße. Da stand es endlich, groß und deutlich: ›Nieder mit Hitler – Nieder mit Hitler...‹ Als sie zur Universität kam, sah sie über dem Eingang in derselben Farbe: ›Freiheit‹. Zwei Frauen waren mit Bürste und Sand beschäftigt, das Wort wieder auszutilgen. »Lassen Sie es stehen«, sagte Sophie, »das soll man doch lesen, dazu wurde es hingeschrieben.« Die Frauen sahen sie kopfschüttelnd an. »Nix verstehen.« Es waren zwei Russinnen, die man zur Zwangsarbeit nach Deutschland geholt hatte.

Während man wütend und mühsam die Ludwigstraße wieder von dem verirrten Freiheitsruf reinigte, war der Funken nach Berlin übergesprungen. Ein Medizinstudent, der mit Hans befreundet war, hatte es übernommen, dort ebenfalls eine Widerstandszelle zu gründen und die in München entworfenen Flugblätter zu vervielfältigen und weiterzuverbreiten.

Willi Graf hatte den Kontakt zu Freiburger Studenten hergestellt, die sich zum Handeln entschlossen hatten und bereit waren, mit dem Münchner Kreis zusammenzuarbeiten.

Später hatte eine Studentin, Traute Lafrenz, ein Flugblatt nach Hamburg gebracht, und auch dort fand sich ein kleiner Kreis von Studenten, die es aufgriffen und weiterverbreiteten.

So, dachten Hans und seine Freunde, sollte eine Zelle nach der andern in den großen Städten entstehen, von denen aus der Geist des Widerstandes sich nach allen Seiten verbreiten sollte.


Schon kurz nach der Rückkehr von der Ostfront, im November 1942, trafen sich Hans Scholl und Alexander Schmorell mit Falk Harnack, dem Bruder von Arvid Harnack von der Widerstandsorganisation Harnack/Schulze-Boysen, die einem Massaker des

Volksgerichtshofs zum Opfer fiel. Bekannt geworden war diese Gruppe unter dem Suchnamen der Gestapo »Rote Kapelle«. Das Treffen der beiden mit Falk Harnack sollte die Verbindung zu einer zentralen Stelle der Widerstandsbewegung in Berlin einleiten. Dabei entwickelte Hans den Plan, an allen deutschen Universitäten illegale studentische Zellen zu errichten, die schlagartig übereinstimmende Flugblattaktionen ausführen sollten. Falk Harnack übernahm es, Hans und Alex am 25. Februar 1943 mit den Brüdern Klaus und Dietrich Bonhoeffer in Berlin zusammenzubringen. Aber Hans war zu diesem Termin schon tot, Alex auf der Flucht.

Noch immer versuchte man die Spuren der Straßenaufschriften auszumerzen; schließlich mußte man sie überkleben. Aber Professor Huber war schon dabei, ein neues Flugblatt zu entwerfen, das diesmal vor allem an die Studenten gerichtet sein sollte.

Während er und Hans noch darum rangen, dem Blatt alle Trauer und Empörung des unterdrückten Deutschland einzuhauchen, erhielt Hans eine Warnung, daß die Gestapo ihm auf der Spur sei und daß er in den nächsten Tagen mit seiner Verhaftung rechnen müsse. Hans war geneigt, diese undurchsichtige Information von sich zu schütteln. Vielleicht versuchten Menschen, die es gut mit ihm meinten, ihn auf diese Weise von seinem Tun abzubringen. Aber gerade die Halbheit und Undurchsichtigkeit der Sache stürzte ihn in brennende Zweifel.

Sollte er nicht dies ganze schwere Leben in Deutschland mit der ständigen Bedrohung hinter sich werfen und in ein freies Land, in die Schweiz, fliehen? Es sollte für ihn, den Bergkundigen und zähen Sportsmann, kein Problem sein, illegal über die Grenze zu entkommen. Hatte er nicht an der Front Situationen genug erlebt, in denen seine Kaltblütigkeit und seine Geistesgegenwart ihn gerettet hatten?

Was aber würde dann mit seinen Freunden, mit seinen Angehörigen geschehen? Seine Flucht würde sie sofort in Verdacht bringen, und dann könnte er von der freien Schweiz aus zusehen, wie sie vor den Volksgerichtshof und in die KZ's geschleppt wurden. Niemals könnte er das ertragen. Er war mit hundert Fäden hier verwoben, und das teuflische System war so gut eingerichtet, daß er hundert Menschenleben aufs Spiel setzte, wenn er selbst sich entzog. Er allein mußte die Verantwortung übernehmen. Er mußte hierbleiben, um den Ring des Unheils möglichst eng zu halten und, wenn es sich entladen sollte, das Ganze auf sich selbst zu nehmen.

In den folgenden Tagen ging Hans mit doppeltem Eifer an die Arbeit. Nacht für Nacht verbrachte er mit seinen Freunden und Sophie im Keller des Ateliers am Vervielfältigungsapparat. Die Trauer und Erschütterung um Stalingrad durften nicht im grauen, gleichgültigen Trott des Alltags untergehen, ehe nicht ein Zeichen dafür gegeben war, daß die Deutschen nicht alle gewillt waren, diesen mörderischen Krieg blindlings hinzunehmen.

An einem sonnigen Donnerstag, es war der 18. Februar 1943, war die Arbeit so weit gediehen, daß Hans und Sophie, ehe sie zur Universität gingen, noch einen Koffer mit Flugblättern füllen konnten. Sie waren beide vergnügt und guten Muts, als sie sich mit dem Koffer auf den Weg zur Universität machten, obwohl Sophie in der Nacht einen Traum gehabt hatte, den sie nicht aus sich verjagen konnte: Die Gestapo war erschienen und hatte sie beide verhaftet.

Kaum hatten die Geschwister die Wohnung verlassen, klingelte Otl Aicher, ein Freund, an ihrer Tür, der ihnen eine dringende Warnung überbringen sollte. Da er aber nirgends erfahren konnte, wohin die beiden gegangen waren, wartete er. Von dieser Botschaft hing vielleicht alles ab.

Mittlerweile hatten die beiden die Universität erreicht. Und da in wenigen Minuten die Hörsäle sich öffnen sollten, legten sie rasch entschlossen die Flugblätter in den Gängen aus und leerten den Rest ihres Koffers vom zweiten Stock in die Eingangshalle der Universität hinab. Aber zwei Augen hatten sie erspäht. Sie hatten sich vom Herzen ihres Besitzers gelöst und waren zu automatischen Linsen der Diktatur geworden. Es waren die Augen des Hausmeisters. Alle Türen der Universität wurden sofort geschlossen. Damit war das Schicksal der beiden besiegelt.

Die rasch alarmierte Gestapo brachte meine Geschwister in ihr Gefängnis, das berüchtigte Wittelsbacher Palais. Und nun begannen die Verhöre. Tage und Nächte, Stunden um Stunden. Abgeschnitten von der Welt, ohne Verbindung mit den Freunden und im ungewissen, ob einer von ihnen ihr Schicksal teilte. Durch eine Mitgefangene erfuhr Sophie, daß Christl Probst etliche Stunden nach ihnen ›eingeliefert‹ worden war. Zum erstenmal verlor sie ihre Fassung, und eine wilde Verzweiflung wollte sie übermannen. Christl, gerade Christl, den sie so sorgsam geschont hatten, weil er Vater von drei kleinen Kindern war. Und Herta, seine Frau, lag in diesen Tagen mit dem Jüngsten im Wochenbett. Sophie sah Christl vor sich, wie sie ihn mit Hans an einem sonnigen Septembertag besucht hatte, in seinem kleinen Heim in den oberbayerischen Bergen. Den zweijährigen Sohn hatte er im Arm gehabt und wie verzaubert in das friedliche Kindergesicht geblickt. Seine Frau konnte kaum mehr an eine Geborgenheit in den eigenen vier Wänden glauben. Denn vor Jahren hatten ihre beiden Brüder bei Nacht und Nebel vor der Gestapo fliehen müssen, und niemand wußte genau, ob sie noch lebten. Aber wenn es noch einen Funken Rechtlichkeit in diesem Staate gab, dachte Sophie verzweifelt, dann konnte und durfte Christl nichts geschehen.

Alle, die in jenen Tagen noch mit ihnen in Berührung kamen, die Mitgefangenen, die Gefängnisgeistlichen, die Gefangenenwärter, ja selbst die Gestapobeamten, waren von ihrer Tapferkeit und von der Noblesse ihrer Haltung aufs stärkste betroffen. Ihre Gelassenheit und Ruhe standen in merkwürdigem Kontrast zu der hektischen Spannung, die das Gestapogebäude beherrschte. Ihre Aktion hatte bis in die höchsten Stellen von Partei und Regierung hinein große Beunruhigung hervorgerufen. Ein lautloser Triumph der ohnmächtigen Freiheit schien sich hier zu vollziehen, und die Nachricht davon lief wie ein Vorfrühlingswind durch die Gefängnisse und KZ's. Manche, die ihnen im Gefängnis begegneten, haben uns über die letzten Tage und Stunden vor ihrem Tod berichtet. Diese vielen kleinen Berichte, sie fügten sich wie winzige Magnete zusammen zu einem Ganzen, zu einigen Tagen starken Lebens. Es war, als wollten sich in diesen Tagen viele ungelebte Jahre zu einer verdichteten Daseinskraft zusammendrängen.

Nach dem Tod meiner Geschwister wurden meine Eltern, meine Schwester Elisabeth und ich in ›Sippenhaft‹ genommen. Im Gefängnis, in den endlos sich hinziehenden Stunden des Schmerzes, dachte ich über den Weg von Hans und Sophie nach und versuchte durch das Filter der Trauer hindurch den Sinn ihres Handelns zu begreifen.

Am zweiten Tag nach ihrer Verhaftung war ihnen klar geworden, daß sie mit dem Todesurteil zu rechnen hatten. Zunächst, bis unter der Last des Beweismaterials alle ihre Verschleierungsversuche sinnlos geworden waren, hatten sie durchaus einen anderen Weg gesehen und *gewollt*: zu überleben und nach dem Ende der Gewaltherrschaft an einem neuen Leben mitzuwirken. Noch wenige Wochen zuvor hatte Hans mit Bestimmtheit erklärt – vielleicht angesichts der zahlreichen Todesurteile, die damals gefällt wurden: »Dies muß unter allen Umständen vermieden werden. Wir müssen leben, um nachher da zu sein, weil man uns braucht. Gefängnis und KZ – meinetwegen. Das kann man überstehen. Aber nicht das Leben riskieren.«

Nun aber hatte sich die Situation jäh geändert. Nun gab es kein Zurück mehr. Jetzt war nur noch eines möglich: mit Umsicht und Nüchternheit dafür zu sorgen, daß möglichst wenig andere hineingezogen wurden. Und mit aller Deutlichkeit noch einmal zu verkörpern, was man hatte verteidigen und hochhalten wollen: den unabhängigen, freien, vom Geist geprägten Menschen…

Es herrschte zwischen ihnen, obwohl sie keine Verbindung miteinander hatten, ein starkes Einvernehmen: alle ›Schuld‹, alles, alles auf sich zu nehmen, um die anderen zu entlasten. Bei der Gestapo rieb man sich die Hände über die reichhaltigen Geständnisse. Angestrengt tasteten die Geschwister ihre Erinnerung nach den ›Verbrechen‹ ab, die sie sich zur Last legen könnten. Es war wie ein großer Wettkampf um das Leben der Freunde. Und nach jedem gelungenen Verhör kehrten sie in ihre Zellen zurück, nicht selten mit einem Anflug von Genugtuung.

So müssen sie sich in jenen Tagen in einem Raum des Daseins befunden haben, der sich jenseits der hier Lebenden, aber auch losgelöst vom Tod befand, dem Leben tief verbunden. – Beinahe lächerlich und abgeschmackt mußten die Maßnahmen der Polizei auf sie wirken, sie vor Selbstmordversuchen zu bewahren. Keine Klinge, kein Gegenstand durfte in der Zelle sein, selbst das Alleinsein wurde nicht gewährt, immer mußte ein Mitgefangener ihnen nahe sein, damit sie ja ihr Leben nicht selbst auslöschten. Tag und Nacht brannte helles Licht in den Zellen der Todeskandidaten.

Schwere Stunden der Verantwortung und Sorge kamen, vor allem für Hans. Würden die Vernehmungen weiterhin so verlaufen, wie es notwendig war? Würde er stets die Geistesgegenwart zur richtigen Antwort bewahren, damit nicht ein Name, ein verdächtiger Hinweis entschlüpfte? Mit hellwachem Interesse beteiligten sie sich an ihren Vernehmungen. In den kurzen Pausen, die ihnen dazwischen vergönnt waren, konnte Hans, nach den Berichten seines Mitgefangenen, von einer gelösten Fröhlichkeit sein. Dann aber folgten wieder schwere Stunden, die Sorge um die Freunde, der Schmerz, den Angehörigen solchen Abschied zumuten zu müssen.

Schließlich kam der letzte Morgen. Hans trug seinem Zellengenossen noch Grüße an die Eltern auf. Dann gab er ihm die Hand, gütig und beinahe feierlich: »Wir wollen uns jetzt verabschieden, solange wir noch allein sind.« Darauf drehte er sich stumm zur Wand und schrieb etwas an die weiße Gefängnismauer. Eine große Stille war in der Zelle. Kaum hatte er den Bleistift aus der Hand gelegt, rasselten die Schlüssel, und die Wachtmeister kamen, legten ihm Fesseln an und führten ihn zur Gerichtsverhandlung. Zurück blieben die Worte an der weißen Wand, Goetheworte, die sein Vater oft bei nachdenklichem Auf- und Abgehen vor sich hingemurmelt hatte, und über deren Pathos Hans hatte manchmal lächeln müssen: »Allen Gewalten zum Trutz sich erhalten.«

Die Möglichkeit, sich einen Anwalt zu wählen, gab es für sie nicht. Es wurde zwar ein Pflichtverteidiger herzitiert. Dieser war jedoch nicht viel mehr als eine ohnmächtige Marionettenfigur. Von ihm war nicht die geringste Hilfe zu erwarten. »Wenn mein Bruder zum Tode verurteilt wird, so darf ich keine mildere Strafe bekommen, denn ich bin genauso schuldig wie er«, erklärte Sophie ihm gelassen.

Mit allen ihren Kräften und Gedanken war sie in diesen Tagen bei ihrem Bruder, um den sie sich oft große Sorge machte, weil sie die Last ahnte, die auf ihm lag. Sie wollte von dem Verteidiger wissen, ob Hans als Frontsoldat das Recht auf den Erschießungstod habe. Darauf erhielt sie nur eine unsichere Antwort. Über ihre weitere Frage, ob sie selbst öffentlich erhängt oder durch das Fallbeil getötet werde, war er geradezu entsetzt. Derartiges, noch dazu von einem Mädchen gefragt, hatte er nicht erwartet.

Sophie hatte in diesen letzten Nächten, sofern sie nicht vernommen wurde, den festen Schlaf eines Kindes. Ein einziges Mal ergriff sie eine tiefe Erregung: in dem Augenblick, als ihr die Anklageschrift ausgehändigt wurde. Nachdem sie diese gelesen hatte, atmete sie auf. »Gott sei Dank«, war alles, was sie sagte.

Dann streckte sie sich auf ihr Lager hin und stellte mit leiser, ruhiger Stimme Betrachtungen über ihren Tod an. »So ein herrlicher, sonniger Tag, und ich soll gehen. Aber wieviele müssen heutzutage auf den Schlachtfeldern sterben, wieviel junges, hoffnungsvolles Leben... Was liegt an meinem Tod, wenn durch unser Handeln Tausende von Menschen aufgerüttelt und geweckt werden.« Es ist Sonntag, und draußen gehen ahnungslos ungezählte Menschen an den Gittern vorüber, die ersten Strahlen der Frühlingssonne genießend.

Als Sophie nach ihrer letzten Nacht geweckt wird, erzählt sie, noch auf ihrem Lager sitzend, ihren Traum: »Ich trug an einem sonnigen Tag ein Kind in langem weißen Kleid zur Taufe. Der Weg zur Kirche führte einen steilen Berg hinauf. Aber fest und sicher trug ich das Kind in meinen Armen. Da plötzlich war vor mir eine Gletscherspalte. Ich hatte gerade noch soviel Zeit, das Kind sicher auf der anderen Seite niederzulegen – dann stürzte ich in die Tiefe.« Sie versucht ihrer Mitgefangenen gleich den Sinn dieses einfachen Traumes zu erklären. »Das Kind ist unsere Idee, sie wird sich trotz aller Hindernisse durchsetzen. Wir durften Wegbereiter sein, müssen aber zuvor für sie sterben.«

Nach kurzer Zeit ist auch ihre Zelle leer, zurück bleibt die Anklageschrift, auf deren Rückseite mit leichter Hand das Wort Freiheit geschrieben ist.

Meine Eltern hatten am Freitag, einen Tag nach der Verhaftung meiner Geschwister, Nachricht davon erhalten, zuerst durch eine Studentin, mit der wir befreundet waren, später durch den Telefonanruf eines unbekannten Studenten, dessen Stimme schon sehr traurig und dunkel klang. Sie beschlossen sofort, die Verhafteten zu besuchen und alles zu unternehmen, was in ihren Kräften stand, um ihr Los zu erleichtern.

Aber was konnten sie schon tun in ihrer Ohnmacht? In einer solchen Stunde der Not und Entscheidung glaubt man, Mauern zerbrechen zu müssen. Da das Wochenende dazwischenlag, an dem im Gefängnis keine Besuche erlaubt waren, fuhren sie mit meinem jüngsten Bruder Werner, der unverhofft zwei Tage zuvor aus Rußland auf Urlaub gekommen war, am Montag nach München. Dort wartete am Bahnsteig schon in höchster Erregung Jürgen Wittenstein, der Student, der sie von der Verhaftung telefonisch unterrichtet hatte, und sagte: »Es ist höchste Zeit. Der Volksgerichtshof tagt, und die Verhandlung ist bereits in vollem Gang. Wir müssen uns auf das Schlimmste gefaßt machen.« Dieses Tempo hatte niemand erwartet, und erst später erfuhren wir, daß es sich um ein ›Schnellverfahren‹ handelte, weil die Richter mit dem raschen und schreckensvollen Ende dieser Menschen ein Exempel statuieren wollten. Meine Mutter fragte den Studenten: »Werden sie sterben müssen?« Der nickte verzweifelt und konnte seine Erregung kaum mehr beherrschen. »Hätte ich einen einzigen Panzer«, rief er in ohnmächtigem Schmerz, »und eine Handvoll Leute – ich könnte sie noch befreien, ich würde die Verhandlung sprengen und sie an die Grenze bringen.« Sie eilten zum Justizpalast und drangen in den Verhandlungssaal ein, der voller geladener Nazigäste war. In roter Robe saßen da die Richter, in ihrer Mitte Freisler, tobend vor Wut.

Still und aufrecht und sehr einsam saßen ihnen die drei jungen Angeklagten gegenüber. Frei und überlegen gaben sie ihre Antworten. Sophie sagte einmal (sie sagte sehr, sehr wenig sonst): »Was wir sagten und schrieben, denken ja so viele. Nur wagen sie nicht, es auszusprechen.« Die Haltung und das Benehmen der drei Angeklagten war von solchem Adel, daß sie selbst die feindselige Zuschauermenge in ihren Bann schlugen.

Als meine Eltern eindrangen, war der Prozeß schon nahe dem Ende. Sie konnten gerade noch die Todesurteile hören. Meine Mutter verlor einen Augenblick die Kräfte, sie mußte hinausgeführt werden, und eine Unruhe entstand im Saal, weil mein Vater rief: »Es gibt noch eine andere Gerechtigkeit.« Aber dann hatte sich meine Mutter rasch wieder in der Gewalt, denn nachher war ihr ganzes Sinnen und Denken nur noch darauf gerichtet, ein Gnadengesuch aufzusetzen und ihre Kinder zu sehen. Sie war wunderbar gefaßt, geistesgegenwärtig und tapfer, ein Trost für alle anderen, die sie hätten trösten müssen. Mein jüngster Bruder drängte sich nach der Verhandlung rasch vor zu den dreien und drückte ihnen die Hand. Als ihm dabei die Tränen in die Augen traten, legte Hans ruhig die Hand auf seine Schulter und sagte: »Bleib stark – keine Zugeständnisse.« Ja, keine Zugeständnisse, weder im Leben noch im Sterben. Sie hatten nicht versucht, sich zu retten, indem sie den Richtern einwandfreie nationalsozialistische Gesinnung vorzuspiegeln versuchten. Nichts dergleichen kam über ihre Lippen. Wer nur eine einzige solche politische Verhandlung während des Dritten Reiches erlebt hat, der weiß, was das bedeutet. Im Angesicht des Todes oder des Kerkers – wer wollte darüber ein abschätziges Wort verlieren –, im Angesicht dieser teuflischen Richter versuchten viele ihre wahre Gesinnung zu verbergen, um ihres Lebens und der Zukunft willen.

Jedem von den dreien war, wie üblich, zum Schluß noch das Wort erteilt worden, um für sich zu sprechen. Sophie schwieg. Christl bat um sein Leben um seiner Kinder willen. Und Hans versuchte, dies zu unterstützen und auch ein Wort für seinen Freund einzulegen. Da wurde es ihm von Freisler grob abgeschnitten: »Wenn Sie für sich selbst nichts vorzubringen haben, schweigen Sie gefälligst.«


An die Stunden, die nun folgten, werden Worte wohl nie ganz herankommen können.

Die drei wurden in das große Vollstreckungsgefängnis München-Stadelheim überführt, das neben dem Friedhof am Rand des Perlacher Forstes liegt.

Dort schrieben sie ihre Abschiedsbriefe. Sophie bat darum, noch einmal ihren Vernehmungsbeamten von der Gestapo sprechen zu dürfen. Sie habe noch eine Aussage zu machen. Es war ihr etwas eingefallen, das einen ihrer Freunde entlasten konnte.

Christl, der konfessionslos aufgewachsen war, verlangte einen katholischen Geistlichen. Er wollte die Taufe empfangen, nachdem er sich schon lange innerlich dem katholischen Glauben zugewandt hatte. In einem Brief an seine Mutter heißt es: »Ich danke Dir, daß Du mir das Leben gegeben hast. Wenn ich es recht bedenke, war es ein einziger Weg zu Gott. Ich gehe Euch jetzt einen Sprung voraus, um Euch einen herrlichen Empfang zu bereiten...«

Inzwischen war es meinen Eltern wie durch ein Wunder gelungen, ihre Kinder noch einmal zu besuchen. Eine solche Erlaubnis war fast unmöglich zu erhalten. Zwischen 16 und 17 Uhr eilten sie zum Gefängnis. Sie wußten noch nicht, daß dies endgültig die letzte Stunde ihrer Kinder war.

Zuerst wurde ihnen Hans zugeführt. Er trug Sträflingskleider. Aber sein Gang war leicht und aufrecht, und nichts Äußeres konnte seinem Wesen Abbruch tun. Sein Gesicht war schmal und abgezehrt, wie nach einem schweren Kampf. Er neigte sich liebevoll über die trennende Schranke und gab jedem die Hand. »Ich habe keinen Haß, ich habe alles, alles unter mir.« Mein Vater schloß ihn in die Arme und sagte: »Ihr werdet in die Geschichte eingehen, es gibt noch eine Gerechtigkeit.« Darauf trug Hans Grüße an alle seine Freunde auf. Als er zum Schluß noch den Namen eines Mädchens nannte, sprang eine Träne über sein Gesicht, und er beugte sich über die Barriere, damit niemand sie sehe. Dann ging er, aufrecht, wie er gekommen war.

Darauf wurde Sophie von einer Wachtmeisterin herbeigeführt. Sie trug ihre eigenen Kleider und ging langsam und gelassen und sehr aufrecht. (Nirgends lernt man so aufrecht gehen wie im Gefängnis.) Sie lächelte, als schaue sie in die Sonne. Bereitwillig und heiter nahm sie die Süßigkeiten, die Hans abgelehnt hatte: »Ach ja, gerne, ich habe ja noch gar nicht Mittag gegessen.« Es war eine ungewöhnliche Lebensbejahung bis zum Schluß, bis zum letzten Augenblick. Auch sie war um einen Schein schmaler geworden, aber ihre Haut war blühend und frisch – das fiel der Mutter auf wie noch nie –, und ihre Lippen waren tiefrot und leuchtend. »Nun wirst du also gar nie mehr zur Türe hereinkommen«, sagte die Mutter. »Ach, die paar Jährchen, Mutter«, gab sie zur Antwort. Dann betonte auch sie, wie Hans, fest und überzeugt: »Wir haben alles, alles auf uns genommen«; und sie fügte hinzu: »Das wird Wellen schlagen.«

Das war in diesen Tagen ihr großer Kummer gewesen, ob die Mutter den Tod gleich zweier Kinder ertragen würde. Aber nun, da sie so tapfer und gut bei ihr stand, war Sophie wie erlöst. Noch einmal sagte die Mutter: »Gelt, Sophie: Jesus.« Ernst, fest und fast befehlend gab Sophie zurück: »Ja, aber du auch.« Dann ging auch sie – frei, furchtlos, gelassen. Mit einem Lächeln im Gesicht.

Christl konnte niemanden von seinen Angehörigen mehr sehen. Seine Frau lag im Wochenbett mit dem dritten Kind, seinem ersten Töchterchen. Sie erfuhr von dem Schicksal ihres Mannes erst, als er nicht mehr lebte.

Die Gefangenenwärter berichteten: »Sie haben sich so fabelhaft tapfer benommen. Das ganze Gefängnis war davon beeindruckt. Deshalb haben wir das Risiko auf uns genommen – wäre es rausgekommen, hätte es schwere Folgen für uns gehabt –, die drei noch einmal zusammenzuführen, einen Augenblick vor der Hinrichtung. Wir wollten, daß sie noch eine Zigarette miteinander rauchen konnten. Es waren nur ein paar Minuten, aber ich glaube, es hat viel für sie bedeutet. ›Ich wußte nicht, daß Sterben so leicht sein kann‹, sagte Christl Probst. Und dann: ›In wenigen Minuten sehen wir uns in der Ewigkeit wieder.‹

Dann wurden sie abgeführt, zuerst das Mädchen. Sie ging, ohne mit der Wimper zu zucken. Wir konnten alle nicht begreifen, daß so etwas möglich war. Der Scharfrichter sagte, so habe er noch niemanden sterben sehen.«

Und Hans, ehe er sein Haupt auf den Block legte, rief laut, daß es durch das große Gefängnis hallte: »Es lebe die Freiheit.«

Zunächst schien es, als sei mit dem Tod dieser drei alles abgeschlossen. Sie verschwanden still und beinahe heimlich in der Erde des Perlacher Friedhofs, während eine strahlende Vorfrühlingssonne sich zum Untergehen neigte. »Niemand hat größere Liebe denn die, daß er sein Leben lässet für seine Freunde«, sagte der Gefängnisgeistliche, der sich als einer der Ihrigen zu ihnen bekannt und sie voller Verständnis betreut hatte. Er gab uns die Hand und wies auf die untergehende Sonne. Und er sagte: »Sie geht auch wieder auf.«

Nach kurzer Zeit jedoch erfolgte aufs neue Verhaftung auf Verhaftung. Und in einem zweiten Prozeß – wir erfuhren es an einem Karfreitag im Gefängnis – wurden neben einer Reihe von Freiheitsstrafen drei weitere Todesurteile durch den Volksgerichtshof gefällt: über Professor Huber, Willi Graf und Alexander Schmorell.

In Notizen von Professor Huber, der auch in Haft, vor und nach der Verurteilung, unermüdlich an seinem wissenschaftlichen Werk arbeitete, fand sich der folgende Entwurf für das ›Schlußwort des Angeklagten‹. Es sind Worte, die, wie berichtet wird, mindestens ihrem Sinn nach, vor dem ›Volksgericht‹ wiederholt wurden: »Als deutscher Staatsbürger, als deutscher Hochschullehrer und als politischer Mensch erachte ich es als Recht nicht nur, sondern als sittliche Pflicht, an der Gestaltung der deutschen Geschicke mitzuarbeiten, offenkundige Schäden aufzudecken und zu bekämpfen...

Was ich bezweckte, war die Weckung der studentischen Kreise, nicht durch eine Organisation, sondern durch das schlichte Wort, nicht zu einem Akt der Gewalt, sondern zur sittlichen Einsicht in bestehende schwere Schäden des politischen Lebens. Rückkehr zu klaren, sittlichen Grundsätzen, zum Rechtsstaat, zu gegenseitigem Vertrauen, von Mensch zu Mensch, das ist nicht illegal, sondern umgekehrt die Wiederherstellung der Legalität. Ich habe mich im Sinne von Kants kategorischem Imperativ gefragt, was geschähe, wenn diese subjektive Maxime meines Handelns ein allgemeines Gesetz würde. Darauf kann es nur eine Antwort geben: Dann würden Ordnung, Sicherheit, Vertrauen in unser Staatswesen, in unser politisches Leben zurückkehren. Jeder sittlich Verantwortliche würde mit uns seine Stimme erheben gegen die drohende Herrschaft der bloßen Macht über das Recht, der bloßen Willkür über den Willen des sittlich Guten. Die Forderung der freien Selbstbestimmung auch des kleinsten Volksteils ist in ganz Europa vergewaltigt, nicht minder die Forderung der Wahrung der rassischen und völkischen Eigenart. Die grundlegende Forderung wahrer Volksgemeinschaft ist durch die systematische Untergrabung des Vertrauens von Mensch zu Mensch zunichte gemacht. Es gibt kein furchtbareres Urteil über eine Volksgemeinschaft als das Eingeständnis, das wir alle machen müssen, daß keiner sich vor seinem Nachbarn, der Vater nicht mehr vor seinen Söhnen sicher fühlt.

Das war es, was ich wollte, mußte.

Es gibt für alle äußere Legalität eine letzte Grenze, wo sie unwahrhaftig und unsittlich wird. Dann nämlich, wenn sie zum Deckmantel einer Feigheit wird, die sich nicht getraut, gegen offenkundige Rechtsverletzung aufzutreten. Ein Staat, der jegliche freie Meinungsäußerung unterbindet und jede, aber auch jede sittlich berechtigte Kritik, jeden Verbesserungsvorschlag als ›Vorbereitung zum Hochverrat‹ unter die furchtbarsten Strafen stellt, bricht ein ungeschriebenes Recht, das ›im gesunden Volksempfinden‹ noch immer lebendig war und lebendig bleiben muß.

Ich habe das eine Ziel erreicht, diese Warnung und Mahnung nicht in einem privaten, kleinen Diskutierklub, sondern an verantwortlicher, an höchster richterlicher Stelle vorzubringen. Ich setze für diese Mahnung, für diese beschwörende Bitte zur Rückkehr, mein Leben ein. Ich fordere die Freiheit für unser deutsches Volk zurück. Wir wollen nicht an Sklavenketten unser kurzes Leben dahinfristen, und wären es goldene Ketten eines materiellen Überflusses.

Sie haben mir den Rang und die Rechte des Professors und den ›summa cum laude‹ erarbeiteten Doktorhut genommen und mich dem niedrigsten Verbrecher gleichgestellt. Die innere Würde des Hochschullehrers, des offenen, mutigen Bekenners seiner Welt- und Staatsanschauung, kann mir kein Hochverratsverfahren rauben. Mein Handeln und Wollen wird der eherne Gang der Geschichte rechtfertigen; darauf vertraue ich felsenfest. Ich hoffe zu Gott, daß die geistigen Kräfte, die es rechtfertigen, rechtzeitig aus meinem eigenen Volke sich entbinden mögen. Ich habe gehandelt,

Kurt Huber, München, geboren am 24.10.1893,
Professor für Psychologie und Philosophie,
hingerichtet am 13.7.1943

wie ich aus einer inneren Stimme heraus handeln mußte. Ich nehme die Folgen auf mich nach dem schönen Wort Johann Gottlieb Fichtes:

> Und handeln sollst du so, als hinge
> Von dir und deinem Tun allein
> Das Schicksal ab der deutschen Dinge,
> Und die Verantwortung wär' dein. «

Man hörte damals, daß in der Folge etwa 80 Personen in München und anderen süd- und westdeutschen Städten verhaftet worden waren. Darunter wurden auch die meist völlig ahnungslosen Angehörigen in ›Sippenhaft‹ genommen. »Für den Verräter haftet die Sippe«, hieß die Anweisung der damaligen Justiz, die dazu angetan war, jede Bereitschaft zu eigener Aktivität im Keim zu ersticken.

Im zweiten Prozeß am 19. April 1943, bei dem Professor Kurt Huber, Willi Graf und Alexander Schmorell zum Tode verurteilt wurden, standen elf weitere Angeklagte vor Gericht. Drei Oberschüler, Hans Hirzel, Heinrich Guter und Franz Müller, erhielten Freiheitsstrafen bis zu fünf Jahren. Die Studentinnen Traute Lafrenz, Gisela Schertling und Karin Schüddekopf aus dem Kreis der Freunde meiner Geschwister wurden zu je einem Jahr, Susanne Hirzel zu einem halben Jahr Gefängnis verurteilt. Hohe Zuchthausstrafen bis zu zehnjähriger Haft wurden über den Medizinstudenten Helmut Bauer, den Assistenten Dr. Heinrich Bollinger und Eugen Grimminger verhängt. Grimminger war damals Wirtschaftsberater in Stuttgart gewesen, ein Jugendfreund des Vaters Scholl. Er hatte tagtäglich in beispielhafter Weise den passiven Widerstand verwirklicht, insbesondere in seiner selbstverständlichen Hilfsbereitschaft gegenüber Unterdrückten und Verfemten. Die Münchner Aktion hatte er durch finanzielle Mittel unterstützt. Seine Frau Jenny Grimminger kam später ebenfalls in Haft und wurde im Dezember 1943 in Auschwitz umgebracht. Bauer und Bollinger gehörten zu dem Freundeskreis Willi Grafs, der sich schon seit Jahren in heftiger Ablehnung gegen den Nationalsozialismus befand. Von Bollinger wissen wir, daß er dabei war, Ansätze zum aktiven Widerstand vorzubereiten, indem er ein kleines Waffendepot anlegte.

Es ist bezeichnend, daß kaum ein Wort in der damaligen deutschen Öffentlichkeit über diese großen und erregenden Prozesse erschien.

Eine karge Nachricht von etwa 30 Zeilen im ›Völkischen Beobachter‹ zum Zweck der Bagatellisierung erschien unter dem Titel »Gerechte Strafen gegen Verräter an der kämpfenden Nation«. Trotzdem verbreitete sich die Nachricht über die Münchner Ereignisse wie ein Lauffeuer bis an die fernsten Fronten in Rußland. Sie ging wie eine Welle der Erleichterung durch Konzentrationslager, Gefängnisse und Ghettos. Endlich hatten einige Menschen es ausgesprochen, was so bedrückend auf Millionen lag. Was ein anderer Widerstandskämpfer, Helmuth von Moltke, später einmal gefordert hatte (»Macht eine Legende aus uns«), hatte sich in wenigen Wochen gebildet. Anders freilich als in einer Welt, in der Presse und Fernsehen ein unmittelbares und wiederholtes Echo geben, vielleicht aber in einer intensiveren Wirksamkeit. Untergrund hat seine eigenen Gesetze.

Am 13. Juli 1943, merkwürdigerweise am Hinrichtungstag von Professor Huber und Alexander Schmorell, folgte ein dritter Prozeß im Zusammenhang mit der Aktion der Münchner Studenten. Vier ältere Freunde des Kreises wurden in München vor ein Sondergericht gestellt: der Buchhändler Josef Söhngen, der bei den Flugblattaktionen wichtige Hilfestellung leistete, Harald Dohrn, der Schwiegervater von Christoph Probst, der Kunstmaler Wilhelm Geyer und der Architekt und Maler Manfred Eickemeyer, der ihnen sein Atelier für ihre Zusammenkünfte und ihre Arbeit zur Verfügung gestellt hatte. Sie erhielten zwischen drei und sechs Monaten Gefängnis.

Die letzten Todesopfer des Münchner Kreises waren Harald Dohrn und sein Schwager Hans Quecke. Nachdem die ›Freiheitsaktion‹, die in den letzten Kriegswochen des Frühjahres 1945 unter Führung von Rechtsanwalt Dr. Gerngroß in Erscheinung trat, die Besetzung des Münchner Rundfunks durch die Widerstandsleute bekanntgegeben hatte, versuchten die beiden, ihre Mitarbeit in den Dienst der ›Freiheitsaktion‹ zu stellen. Sie wurden dabei entdeckt und in einem Wald nahe bei München von SS-Leuten erschossen. Nur einige hundert Meter entfernt von den Gräbern der ersten Opfer Sophie und Hans Scholl und Christoph Probst findet man sie begraben.

Im Sommer 1943, vor allem aber im Spätherbst und im Dezember

1943 wurde ein weiterer Komplex eines Widerstandskreises aufge-
deckt, der später unter dem Namen ›Hamburger Zweig der Weißen
Rose‹ in die Geschichte des Deutschen Widerstandes eingegangen
ist. Es war, ähnlich wie in München, ein Kreis von Studenten und
Intellektuellen, der nach Angaben Überlebender etwa 50 Personen
umfaßt haben muß. Acht Menschen, vorwiegend Studenten, die
den aktiven Kern dieses Kreises bildeten, oder die ihn auch nur tan-
gierten, fanden dabei den Tod:

| | |
|---|---|
| Hans Konrad Leipelt,<br>stud. rer. nat. | geboren am 18.7.1921<br>enthauptet am 29.1.1945<br>im Gefängnis München-<br>Stadelheim |
| Gretha Rothe,<br>cand. med. | geboren am 13.6.1919<br>gestorben am<br>15.4.1945 im Krankenhaus<br>Leipzig-Dösen an den<br>Folgen ihrer Haft |
| Reinhold Meyer,<br>stud. phil. | geboren am 18.7.1920<br>umgekommen am<br>12.11.1944 im Gefängnis<br>Hamburg-Fuhlsbüttel |
| Frederick Geussenhainer,<br>cand. med. | geboren am 24.4.1912<br>umgekommen im April<br>1945 im KZ Mauthausen |
| Katharina Leipelt, Mutter<br>von Hans Konrad,<br>Dr. rer. nat. | geboren am 28.5.1893<br>in den Tod getrieben am<br>9.1.1944 im Gefängnis<br>Hamburg-Fuhlsbüttel |
| Elisabeth Lange | geboren am 7.7.1900<br>in den Tod getrieben am<br>28.1.1944 im Gefängnis<br>Hamburg-Fuhlsbüttel |

| Curt Ledien, Dr. jur. | geboren am 5.6.1893 |
| | gehenkt am 23.4.1945 |
| | im KZ Neuengamme |
| | |
| Margarethe Mrosek | geboren am 25.12.1902 |
| | gehenkt am 21.4.1945 |
| | im KZ Neuengamme |

In einem Bericht von Ilse Jacob wird die Hamburger Gruppe in folgender Weise dargestellt: »Der Hamburger Kreis ›Weiße Rose‹ hatte sich unter der Wirkung der ersten Münchner Flugblätter zusammengefunden. Die einzelnen Mitglieder kannten sich zunächst kaum, häufig trafen sie sich erst im Gefängnis oder im Konzentrationslager. Die Bemühungen, die Arbeit der einzelnen Kreise innerhalb der Hamburger Gruppe zu koordinieren, gingen vor allem von Albert Suhr und Heinz Kucharski aus, die zum Beispiel auch geplant hatten, einen Sender einzurichten. Die Mitglieder des Kreises trafen sich später regelmäßig zu Diskussionsabenden in zwei Hamburger Buchhandlungen, vor allem bei der des bekannten Buchhändlers Felix Jud.

In der Hamburger Gruppe gab es einige Siebzehnjährige, die noch zur Schule gingen oder im Arbeits- oder Kriegshilfsdienst standen. Sie waren durch nationalsozialistische Schulen und Jugendorganisationen erzogen worden. Ihr Widerstand begann, wie Thorsten Müller, einer von ihnen schreibt, mit dem Widerspruch. Sie gingen ihren Neigungen und Interessen nach und dachten oder taten Dinge, die in Cambridge und Basel das Selbstverständlichste von der Welt gewesen wären – in Deutschland wurden sie zu einem ›hochpolitischen Konflikt, zu einer von Geheimer Staatspolizei und Volksgerichtshof mit Eifer bearbeiteten Hochverratssache‹.«

In einem 1969 erschienenen Buch von Ursel Hochmuth/Gertrud Meyer unter dem Titel ›Streiflichter aus dem Hamburger Widerstand 1933–1945‹ wird der Hamburger Zweig der Weißen Rose eingehend behandelt.

Die Verbindung zwischen dem Münchner und dem Hamburger Kreis hatte sich durch die Hamburger Medizinstudentin Traute Lafrenz ergeben, die seit 1941 in München studierte und mit Alexander Schmorell und Hans und Sophie Scholl eng befreundet war. Sie übergab die im Sommer 1942 entstandenen Flugblätter der Weißen Rose im Herbst ihren Hamburger Kommilitonen Gretha Rothe, Heinz Kucharski und Karl Ludwig Schneider. Kurze Zeit nach der Vollstreckung der ersten Todesurteile sorgte der Chemiestudent Hans Konrad Leipelt dafür, daß die Flugblätter der Weißen Rose weitere Verbreitung fanden. Außerdem organisierte er eine Hilfsaktion für die mittellose Witwe Professor Hubers und ihre beiden Kinder, denen der NS-Staat die Pension verweigerte.

Hans Konrad Leipelt, 1921 in Wien geboren, ist in Hamburg aufgewachsen. Beide Eltern waren Chemiker. Die Mutter entstammte einer jüdischen Familie. Hans und seine Schwester wurden evangelisch erzogen, durch die Nürnberger Gesetze wurden sie jedoch 1935 zu »jüdischen Mischlingen 1. Grades« gestempelt. Hans legte schon mit 16 Jahren das Abitur ab, meldete sich freiwillig zum Reichsarbeitsdienst und zur Wehrmacht. Im Frankreichfeldzug erhielt er das EK II und das Panzerkampfabzeichen. Kurz danach verfügte ein neues Gesetz die »unehrenhafte Entlassung« aller »Halbjuden« aus der Wehrmacht. Hans konnte zwar 1941 in Hamburg mit dem Chemiestudium beginnen, aber schon ein Jahr später wurde er von der Universität verwiesen, weil »jüdische Mischlinge« nicht mehr studieren durften. Hans ging nach München. Das chemische Institut an der Universität München, unter Leitung des Nobelpreisträgers Professor Heinrich Wieland, galt als Zufluchtsstätte für Gegner und Verfolgte des Regimes. Im Institut dieses noblen und furchtlosen Wissenschaftlers wurden immer wieder nach den NS-Rasse-Gesetzen ›nicht arische‹ Studentinnen und Studenten aufgenommen und damit vor Zwangsarbeit und Schlimmerem bewahrt.

Während Leipelt 1942 in München studierte, wurde seine Großmutter in Theresienstadt ermordet.

Kurz nach der Verhaftung von Hans und Sophie Scholl erhielt er das 6. Flugblatt der Weißen Rose. Mit seiner Freundin Marie-Luise Jahn vervielfältigte er den Text und gab ihm die Überschrift: »Und ihr Geist lebt trotzdem weiter!« Beide verteilten die Flugblätter und brachten sie auch nach Hamburg.

Nachdem Traute Lafrenz von der Gestapo kaltgestellt worden war, fiel die Verbindungsarbeit zwischen dem studentischen Widerstand in München und Hamburg Hans Leipelt zu. Die heimliche Geldsammlung für Frau Huber wurde ihm zum Verhängnis: Er wurde am 8. Oktober 1943 verhaftet. Seine Mutter Dr. Katharina Leipelt und seine Schwester Maria kamen in Sippenhaft. Die Mutter starb am 9. Dezember 1943 im Gefängnis Fuhlsbüttel, wahrscheinlich durch Freitod.

Ein Jahr nach der Verhaftung Leipelts, am 13. Oktober 1944, fand der vierte Prozeß gegen die Weiße Rose statt. Dabei wurde Hans Konrad Leipelt zum Tode verurteilt, Marie-Luise Jahn zu 12 Jahren Zuchthaus. Über zwei weitere Mitangeklagte, die beim Chemischen Institut in München beschäftigt waren, wurden hohe Haftstrafen verhängt. Leipelt wurde, wie die sechs vor ihm, in das Vollstreckungsgefängnis München-Stadelheim gebracht. Dort wurde er am 29. Januar 1945 durch das Fallbeil hingerichtet.

In Hamburg wurden insgesamt noch vier weitere Prozesse vorbereitet, und zwar die ›Strafsachen Kucharski und andere‹, ›Suhr und andere‹, ›Schneider und andere‹ und ›Himpkamp und andere‹. Abgeurteilt wurden noch drei Angehörige der Hamburger Gruppe. Der Volksgerichtshof verurteilte Heinz Kucharski am 17. April 1945 zum Tode, Dr. Rudolf Degkwitz erhielt ein Jahr Gefängnis, Felix Jud wurde am 19. April 1945 zu vier Jahren Zuchthaus verurteilt.

Für die Hamburger Gruppe war es ein Glück, daß sich die Prozesse so lange hinauszögerten und so nicht noch mehr Menschen in den Strudel gerissen wurden. Die Alliierten machten auch hier den Nazis einen Strich durch die Rechnung. Suhr und auch andere, die mit einem Todesurteil rechnen mußten, wurden nicht mehr abgeurteilt, und Kucharski, der sich auf dem Wege zur Vollstreckung nach Bützow-Dreibergen befand, konnte seinen Henkern um Haaresbreite entfliehen. Die übrigen Verhafteten wurden im Mai 1945 in Hamburg, in Stendal, in Bayreuth und anderswo aus der Haft befreit.

In den ersten Monaten des Jahres 1945 wartete die ganze Welt atemlos stündlich auf das Kriegsende und damit auf das Ende des Naziregimes. Über allen Häftlingen und Todeskandidaten hing damals die flackernde Hoffnung, daß sie vielleicht doch noch den Wettlauf mit der Zeit gewinnen würden. Auf der anderen Seite spitzte sich die Gefährdung zu, denn der Blick auf den eigenen Untergang ließ das Regime noch brutaler werden.

# I

Nichts ist eines Kulturvolkes unwürdiger, als sich ohne Widerstand von einer verantwortungslosen und dunklen Trieben ergebenen Herrscherclique ›regieren‹ zu lassen. Ist es nicht so, daß sich jeder ehrliche Deutsche heute seiner Regierung schämt, und wer von uns ahnt das Ausmaß der Schmach, die über uns und unsere Kinder kommen wird, wenn einst der Schleier von unseren Augen gefallen ist und die grauenvollsten und jegliches Maß unendlich überschreitenden Verbrechen ans Tageslicht treten? Wenn das deutsche Volk schon so in seinem tiefsten Wesen korrumpiert und zerfallen ist, daß es, ohne eine Hand zu regen, im leichtsinnigen Vertrauen auf eine fragwürdige Gesetzmäßigkeit der Geschichte das Höchste, das ein Mensch besitzt und das ihn über jede andere Kreatur erhöht, nämlich den freien Willen, preisgibt, die Freiheit des Menschen preisgibt, selbst mit einzugreifen in das Rad der Geschichte und es seiner vernünftigen Entscheidung unterzuordnen – wenn die Deutschen, so jeder Individualität bar, schon so sehr zur geistlosen und feigen Masse geworden sind, dann, ja dann verdienen sie den Untergang. Goethe spricht von den Deutschen als einem tragischen Volke, gleich dem der Juden und Griechen, aber heute hat es eher den Anschein, als sei es eine seichte, willenlose Herde von Mitläufern, denen das Mark aus dem Innersten gesogen und die nun ihres Kerns beraubt, bereit sind, sich in den Untergang hetzen zu lassen. Es scheint so – aber es ist nicht so; vielmehr hat man in langsamer, trügerischer, systematischer Vergewaltigung jeden einzelnen in ein geistiges Gefängnis gesteckt, und erst als er darin gefesselt lag, wurde er sich des Verhängnisses bewußt. Wenige nur erkannten das drohende Verderben, und der Lohn für ihr heroisches Mahnen war der Tod. Über das Schicksal dieser Menschen wird noch zu reden sein. Wenn jeder wartet, bis der andere anfängt, werden die

Boten der rächenden Nemesis unaufhaltsam näher und näher rük-
ken, dann wird auch das letzte Opfer sinnlos in den Rachen des
unersättlichen Dämons geworfen sein. Daher muß jeder einzelne
seiner Verantwortung als Mitglied der christlichen und abendländischen Kultur bewußt in dieser letzten Stunde sich wehren, soviel er
kann, arbeiten wider die Geißel der Menschheit, wider den Faschismus und jedes ihm ähnliche System des absoluten Staates. Leistet
passiven Widerstand – *Widerstand* –, wo immer Ihr auch seid, verhindert das Weiterlaufen dieser atheistischen Kriegsmaschine, ehe
es zu spät ist, ehe die letzten Städte ein Trümmerhaufen sind, gleich
Köln, und ehe die letzte Jugend des Volkes irgendwo für die Hybris
eines Untermenschen verblutet ist. Vergeßt nicht, daß ein jedes
Volk diejenige Regierung verdient, die es erträgt!
Aus Friedrich Schiller, ›Die Gesetzgebung des Lykurgus und Solon‹: »...Gegen seinen eigenen Zweck gehalten, ist die Gesetzgebung des Lykurgus ein Meisterstück der Staats- und Menschen-
kunde. Er wollte einen mächtigen, in sich selbst gegründeten, un-
zerstörbaren Staat; politische Stärke und Dauerhaftigkeit waren das
Ziel, wonach er strebte, und dieses Ziel hat er so weit erreicht, als
unter seinen Umständen möglich war. Aber hält man den Zweck,
welchen Lykurgus sich vorsetzte, gegen den Zweck der Menschheit, so muß eine tiefe Mißbilligung an die Stelle der Bewunderung
treten, die uns der erste flüchtige Blick abgewonnen hat. Alles darf
dem Besten des Staats zum Opfer gebracht werden, nur dasjenige
nicht, dem der Staat selbst nur als ein Mittel dient. Der Staat selbst
ist niemals Zweck, er ist nur wichtig als eine Bedingung, unter welcher der Zweck der Menschheit erfüllt werden kann, und dieser
Zweck der Menschheit ist kein anderer, als Ausbildung aller Kräfte
des Menschen, Fortschreitung. Hindert eine Staatsverfassung, daß
alle Kräfte, die im Menschen liegen, sich entwickeln; hindert sie die
Fortschreitung des Geistes, so ist sie verwerflich und schädlich, sie
mag übrigens noch so durchdacht und in ihrer Art noch so vollkommen sein. Ihre Dauerhaftigkeit selbst gereicht ihr alsdann viel
mehr zum Vorwurf als zum Ruhme – sie ist dann nur ein verlänger-
tes Übel; je länger sie Bestand hat, um so schädlicher ist sie.
...Auf Unkosten aller sittlichen Gefühle wurde das politische Ver-

dienst errungen und die Fähigkeit dazu ausgebildet. In Sparta gab es keine eheliche Liebe, keine Mutterliebe, keine kindliche Liebe, keine Freundschaft – es gab nichts als Bürger, nichts als bürgerliche Tugend.

... Ein Staatsgesetz machte den Spartanern die Unmenschlichkeit gegen ihre Sklaven zur Pflicht; in diesen unglücklichen Schlachtopfern wurde die Menschheit beschimpft und mißhandelt. In dem spartanischen Gesetzbuche selbst wurde der gefährliche Grundsatz gepredigt, Menschen als Mittel und nicht als Zwecke zu betrachten – dadurch wurden die Grundfesten des Naturrechts und der Sittlichkeit gesetzmäßig eingerissen.

... Welch schöneres Schauspiel gibt der rauhe Krieger Gaius Marcius in seinem Lager vor Rom, der Rache und Sieg aufopfert, weil er die Tränen der Mutter nicht fließen sehen kann!

... Der Staat (des Lykurgus) könnte nur unter der einzigen Bedingung fortdauern, wenn der Geist des Volks stillstünde; er könnte sich also nur dadurch erhalten, daß er den höchsten und einzigen Zweck eines Staates verfehlte.«

Aus Goethes ›Des Epimenides Erwachen‹, zweiter Aufzug, vierter Auftritt:

> Genien:
> Doch was dem Abgrund kühn entstiegen,
> Kann durch ein ehernes Geschick
> Den halben Weltkreis übersiegen,
> Zum Abgrund muß es doch zurück.
> Schon droht ein ungeheures Bangen,
> Vergebens wird er widerstehn!
> Und alle, die noch an ihm hangen,
> Sie müssen mit zu Grunde gehn.
>
> Hoffnung:
> Nun begegn' ich meinen Braven,
> Die sich in der Nacht versammelt,
> Um zu schweigen, nicht zu schlafen,

Und das schöne Wort der Freiheit
Wird gelispelt und gestammelt,
Bis in ungewohnter Neuheit
Wir an unsrer Tempel Stufen
Wieder neu entzückt es rufen:

Freiheit! Freiheit!


Wir bitten Sie, dieses Blatt mit möglichst vielen Durchschlägen abzuschreiben und weiterzuverteilen!

## II

Man kann sich mit dem Nationalsozialismus geistig nicht auseinandersetzen, weil er ungeistig ist. Es ist falsch, wenn man von einer nationalsozialistischen Weltanschauung spricht, denn wenn es diese gäbe, müßte man versuchen, sie mit geistigen Mitteln zu beweisen oder zu bekämpfen – die Wirklichkeit aber bietet uns ein völlig anderes Bild: schon in ihrem ersten Keim war diese Bewegung auf den Betrug des Mitmenschen angewiesen, schon damals war sie im Innersten verfault und konnte sich nur durch die stete Lüge retten. Schreibt doch Hitler selbst in einer frühen Auflage ›seines‹ Buches (ein Buch, das in dem übelsten Deutsch geschrieben worden ist, das ich je gelesen habe; dennoch ist es von dem Volke der Dichter und Denker zur Bibel erhoben worden): »Man glaubt nicht, wie man ein Volk betrügen muß, um es zu regieren.« Wenn sich nun am Anfang dieses Krebsgeschwür des deutschen Volkes noch nicht allzusehr bemerkbar gemacht hatte, so nur deshalb, weil noch gute Kräfte genug am Werk waren, es zurückzuhalten. Wie es aber größer und größer wurde und schließlich mittels einer letzten gemeinen Korruption zur Macht kam, das Geschwür gleichsam aufbrach und den ganzen Körper besudelte, versteckte sich die Mehrzahl der früheren Gegner, flüchtete die deutsche Intelligenz in ein Kellerloch, um dort als Nachtschattengewächs, dem Licht und der Sonne verborgen, allmählich zu ersticken. Jetzt stehen wir vor dem Ende. Jetzt kommt es darauf an, sich gegenseitig wiederzufinden, aufzuklären von Mensch zu Mensch, immer daran zu denken und sich keine Ruhe zu geben, bis auch der Letzte von der äußersten Notwendigkeit seines Kämpfens wider dieses System überzeugt ist. Wenn so eine Welle des Aufruhrs durch das Land geht, wenn ›es in der Luft liegt‹, wenn viele mitmachen, dann kann in einer letzten, gewaltigen Anstrengung dieses System abgeschüttelt werden. Ein

Ende mit Schrecken ist immer noch besser als ein Schrecken ohne Ende.

Es ist uns nicht gegeben, ein endgültiges Urteil über den Sinn unserer Geschichte zu fällen. Aber wenn diese Katastrophe uns zum Heile dienen soll, so doch nur dadurch: durch das Leid gereinigt zu werden, aus der tiefsten Nacht heraus das Licht zu ersehnen, sich aufzuraffen und endlich mitzuhelfen, das Joch abzuschütteln, das die Welt bedrückt.

Nicht über die Judenfrage wollen wir in diesem Blatte schreiben, keine Verteidigungsrede verfassen – nein, nur als Beispiel wollen wir die Tatsache kurz anführen, die Tatsache, daß seit der Eroberung Polens *dreihunderttausend* Juden in diesem Land auf bestialischste Art ermordet worden sind. Hier sehen wir das fürchterlichste Verbrechen an der Würde des Menschen, ein Verbrechen, dem sich kein ähnliches in der ganzen Menschengeschichte an die Seite stellen kann. Auch die Juden sind doch Menschen – man mag sich zur Judenfrage stellen wie man will –, und an Menschen wurde solches verübt. Vielleicht sagt jemand, die Juden hätten ein solches Schicksal verdient; diese Behauptung wäre eine ungeheure Anmaßung; aber angenommen, es sagte jemand dies, wie stellt er sich dann zu der Tatsache, daß die gesamte polnische adelige Jugend vernichtet worden ist (gebe Gott, daß sie es noch nicht ist!)? Auf welche Art, fragen Sie, ist solches geschehen? Alle männlichen Sprößlinge aus adeligen Geschlechtern zwischen 15 und 20 Jahren wurden in Konzentrationslager nach Deutschland zur Zwangsarbeit, alle Mädchen gleichen Alters nach Norwegen in die Bordelle der SS verschleppt! Wozu wir dies Ihnen alles erzählen, da Sie es schon selber wissen, wenn nicht diese, so andere gleich schwere Verbrechen des fürchterlichen Untermenschentums? Weil hier eine Frage berührt wird, die uns alle zutiefst angeht und allen zu denken geben *muß*. Warum verhält sich das deutsche Volk angesichts all dieser scheußlichsten menschenunwürdigsten Verbrechen so apathisch? Kaum irgend jemand macht sich Gedanken darüber. Die Tatsache wird als solche hingenommen und ad acta gelegt. Und wieder schläft das deutsche Volk in seinem stumpfen, blöden Schlaf weiter und gibt diesen faschistischen Verbrechern Mut und Gelegenheit, weiterzuwüten –, und diese tun es. Sollte dies ein Zeichen dafür sein, daß die Deutschen in ihren primitivsten menschlichen Gefühlen verroht sind, daß keine Saite in ihnen schrill aufschreit im Angesicht solcher Taten, daß sie in einen tödlichen Schlaf versunken sind, aus dem es kein Erwachen mehr gibt, nie, niemals? Es scheint so und ist es bestimmt, wenn der Deutsche nicht endlich aus dieser Dumpfheit auffährt, wenn er nicht protestiert, wo immer er nur kann, gegen diese Verbrecherclique, wenn er mit diesen Hunderttausenden von Opfern nicht mitleidet. Und nicht nur Mitleid muß er empfinden, nein, noch viel mehr: *Mitschuld*. Denn er gibt durch sein apathisches Verhalten diesen dunklen Menschen erst die Möglichkeit, so zu handeln, er leidet diese ›Regierung‹, die eine so unendliche Schuld auf sich geladen hat, ja, er ist doch selbst schuld daran, daß sie überhaupt entstehen konnte! Ein jeder will sich von einer solchen Mitschuld freisprechen, ein jeder tut es und schläft dann wieder mit ruhigstem, bestem Gewissen. Aber er kann sich nicht freisprechen, ein jeder ist *schuldig, schuldig, schuldig!* Doch ist es noch nicht zu spät, diese abscheulichste aller Mißgeburten von Regierungen aus der Welt zu schaffen, um nicht noch mehr Schuld auf sich zu laden. Jetzt, da uns in den letzten Jahren die Augen vollkommen geöffnet worden sind, da wir wissen, mit wem wir es zu tun haben, jetzt ist es allerhöchste Zeit, diese braune Horde auszurotten. Bis zum Ausbruch des Krieges war der größte Teil des deutschen Volkes geblendet, die Nationalsozialisten zeigten sich nicht in ihrer wahren Gestalt, doch jetzt, da man sie erkannt hat, muß es die einzige und höchste Pflicht, ja heiligste Pflicht eines jeden Deutschen sein, diese Bestien zu vertilgen.

»Der, des Verwaltung unauffällig ist, des Volk ist froh. Der, des Verwaltung aufdringlich ist, des Volk ist gebrochen.
Elend, ach, ist es, worauf Glück sich aufbaut. Glück, ach, verschleiert nur Elend. Wo soll das hinaus? Das Ende ist nicht abzusehen. Das Geordnete verkehrt sich in Unordnung, das Gute verkehrt sich in Schlechtes. Das Volk gerät in Verwirrung. Ist es nicht so, täglich, seit langem?

Daher ist der Hohe Mensch rechteckig, aber er stößt nicht an, er ist kantig, aber verletzt nicht, er ist aufrecht, aber nicht schroff. Er ist klar, aber will nicht glänzen.«                                Lao-tse

»Wer unternimmt, das Reich zu beherrschen und es nach seiner Willkür zu gestalten; ich sehe ihn sein Ziel nicht erreichen; das ist alles.«

»Das Reich ist ein lebendiger Organismus; es kann nicht gemacht werden, wahrlich! Wer daran machen will, verdirbt es, wer sich seiner bemächtigen will, verliert es.«
Daher: »Von den Wesen gehen manche vorauf, andere folgen ihnen, manche atmen warm, manche kalt, manche sind stark, manche schwach, manche erlangen Fülle, andere unterliegen.«
»Der Hohe Mensch daher läßt ab von Übertriebenheit, läßt ab von Überhebung, läßt ab von Übergriffen.«                    Lao-tse


Wir bitten, diese Schrift mit möglichst vielen Durchschlägen abzuschreiben und weiterzuverteilen.

## III

*»Salus publica suprema lex«*
Alle idealen Staatsformen sind Utopien. Ein Staat kann nicht rein theoretisch konstruiert werden, sondern er muß ebenso wachsen, reifen wie der einzelne Mensch. Aber es ist nicht zu vergessen, daß am Anfang einer jeden Kultur die Vorform des Staates vorhanden war. Die Familie ist so alt wie die Menschen selbst, und aus diesem anfänglichen Zusammensein hat sich der vernunftbegabte Mensch einen Staat geschaffen, dessen Grund die Gerechtigkeit und dessen höchstes Gesetz das Wohl Aller sein soll. Der Staat soll eine Analogie der göttlichen Ordnung darstellen, und die höchste aller Utopien, die civitas Dei, ist das Vorbild, dem er sich letzten Endes nähern soll. Wir wollen hier nicht urteilen über die verschiedenen möglichen Staatsformen, die Demokratie, die konstitutionelle Monarchie, das Königtum usw. Nur eines will eindeutig und klar herausgehoben werden: jeder einzelne Mensch hat einen Anspruch auf einen brauchbaren und gerechten Staat, der die Freiheit des einzelnen als auch das Wohl der Gesamtheit sichert. Denn der Mensch soll nach Gottes Willen frei und unabhängig im Zusammenleben und Zusammenwirken der staatlichen Gemeinschaft sein natürliches Ziel, sein irdisches Glück in Selbständigkeit und Selbsttätigkeit zu erreichen suchen.
Unser heutiger ›Staat‹ aber ist die Diktatur des Bösen. »Das wissen wir schon lange«, höre ich Dich einwenden, »und wir haben es nicht nötig, daß uns dies hier noch einmal vorgehalten wird.« Aber, frage ich Dich, wenn Ihr das wißt, warum regt Ihr Euch nicht, warum duldet Ihr, daß diese Gewalthaber Schritt für Schritt offen und im verborgenen eine Domäne Eures Rechts nach der anderen rauben, bis eines Tages nichts, aber auch gar nichts übrigbleiben wird als ein mechanisiertes Staatsgetriebe, kommandiert von Verbrechern und Säufern? Ist Euer Geist schon so sehr der Vergewalti-

gung unterlegen, daß Ihr vergeßt, daß es nicht nur Euer Recht, sondern Eure *sittliche Pflicht* ist, dieses System zu beseitigen? Wenn aber ein Mensch nicht mehr die Kraft aufbringt, sein Recht zu fordern, dann muß er mit absoluter Notwendigkeit untergehen. Wir würden es verdienen, in alle Welt verstreut zu werden wie der Staub vor dem Winde, wenn wir uns in dieser zwölften Stunde nicht aufrafften und endlich den Mut aufbrächten, der uns seither gefehlt hat. Verbergt nicht Eure Feigheit unter dem Mantel der Klugheit. Denn mit jedem Tag, da Ihr noch zögert, da Ihr dieser Ausgeburt der Hölle nicht widersteht, wächst Eure Schuld gleich einer parabolischen Kurve höher und immer höher.

Viele, vielleicht die meisten Leser dieser Blätter sind sich darüber nicht klar, wie sie einen Widerstand ausüben sollen. Sie sehen keine Möglichkeiten. Wir wollen versuchen, ihnen zu zeigen, daß ein jeder in der Lage ist, etwas beizutragen zum Sturz dieses Systems. Nicht durch individualistische Gegnerschaft, in der Art verbitterter Einsiedler, wird es möglich werden, den Boden für einen Sturz dieser ›Regierung‹ reif zu machen oder gar den Umsturz möglichst bald herbeizuführen, sondern nur durch die Zusammenarbeit vieler überzeugter, tatkräftiger Menschen, Menschen, die sich einig sind, mit welchen Mitteln sie ihr Ziel erreichen können. Wir haben keine reiche Auswahl an solchen Mitteln, nur ein einziges steht uns zur Verfügung – der *passive Widerstand*.

Der Sinn und das Ziel des passiven Widerstandes ist, den Nationalsozialismus zu Fall zu bringen, und in diesem Kampf ist vor keinem Weg, vor keiner Tat zurückzuschrecken, mögen sie auf Gebieten liegen, auf welchen sie auch wollen. An *allen* Stellen muß der Nationalsozialismus angegriffen werden, an denen er nur angreifbar ist. Ein Ende muß diesem Unstaat möglichst bald bereitet werden – ein Sieg des faschistischen Deutschland in diesem Kriege hätte unabsehbare, fürchterliche Folgen. Nicht der militärische Sieg über den Bolschewismus darf die erste Sorge für jeden Deutschen sein, sondern die Niederlage der Nationalsozialisten. Dies muß *unbedingt* an erster Stelle stehen. Die größere Notwendigkeit dieser letzten Forderung werden wir Ihnen in einem unserer nächsten Blätter beweisen.

Und jetzt muß sich ein jeder entschiedene Gegner des National-sozialismus die Frage vorlegen: Wie kann er gegen den gegen-wärtigen ›Staat‹ am wirksamsten ankämpfen, wie ihm die emp-findlichsten Schläge beibringen? Durch den passiven Widerstand – zweifellos. Es ist klar, daß wir unmöglich für jeden einzelnen Richtlinien für sein Verhalten geben können, nur allgemein andeuten können wir, den Weg zur Verwirklichung muß jeder selber finden.

*Sabotage* in Rüstungs- und kriegswichtigen Betrieben, Sabotage in allen Versammlungen, Kundgebungen, Festlichkeiten, Organisa-tionen, die durch die nationalsozialistische Partei ins Leben geru-fen werden. Verhinderung des reibungslosen Ablaufs der Kriegs-maschine (einer Maschine, die nur für einen Krieg arbeitet, der *allein* um die Rettung und Erhaltung der nationalsozialistischen Partei und ihrer Diktatur geht). *Sabotage* auf allen wissenschaft-lichen und geistigen Gebieten, die für eine Fortführung des gegen-wärtigen Krieges tätig sind – sei es in Universitäten, Hochschulen, Laboratorien, Forschungsanstalten, technischen Büros. *Sabotage* in allen Veranstaltungen kultureller Art, die das ›Ansehen‹ der Fa-schisten im Volke heben könnten. *Sabotage* in allen Zweigen der bildenden Künste, die nur im geringsten im Zusammenhang mit dem Nationalsozialismus stehen und ihm dienen. *Sabotage* in allem Schrifttum, allen Zeitungen, die im Solde der ›Regierung‹ stehen, für ihre Ideen, für die Verbreitung der braunen Lüge kämpfen. Opfert nicht einen Pfennig bei Straßensammlungen (auch wenn sie unter dem Deckmantel wohltätiger Zwecke durchgeführt wer-den). Denn dies ist nur eine Tarnung. In Wirklichkeit kommt das Ergebnis weder dem Roten Kreuz noch den Notleidenden zugute. Die Regierung braucht dies Geld nicht, ist auf diese Sammlungen finanziell nicht angewiesen – die Druckmaschinen laufen ja unun-terbrochen und stellen jede beliebige Menge Papiergeld her. Das Volk muß aber dauernd in Spannung gehalten werden, nie darf der Druck der Kandare nachlassen! Gebt nichts für die Metall-, Spinnstoff- und andere Sammlungen. Sucht alle Bekannten auch aus den unteren Volksschichten von der Sinnlosigkeit einer Fort-führung, von der Aussichtslosigkeit dieses Krieges, von der geistigen und wirtschaftlichen Versklavung durch den Nationalsozialismus, von der Zerstörung aller sittlichen und religiösen Werte zu überzeugen und zum *passiven Widerstand* zu veranlassen!

Aristoteles, ›Über die Politik‹: »...ferner gehört es« (zum Wesen der Tyrannis), »dahin zu streben, daß ja nichts verborgen bleibe, was irgendein Untertan spricht oder tut, sondern überall Späher ihn belauschen,... ferner alle Welt miteinander zu verhetzen und Freunde mit Freunden zu verfeinden und das Volk mit den Vornehmen und die Reichen unter sich. Sodann gehört es zu solchen tyrannischen Maßregeln, die Untertanen arm zu machen, damit die Leibwache besoldet werden kann, und sie, mit der Sorge um ihren täglichen Erwerb beschäftigt, keine Zeit und Muße haben, Verschwörungen anzustiften... Ferner aber auch solche hohe Einkommensteuern, wie die in Syrakus auferlegten, denn unter Dionysios hatten die Bürger dieses Staates in fünf Jahren glücklich ihr ganzes Vermögen in Steuern ausgegeben. Und auch beständig Kriege zu erregen, ist der Tyrann geneigt...«

Bitte vervielfältigen und weitergeben!

## IV

Es ist eine alte Weisheit, die man Kindern immer wieder aufs neue predigt, daß, wer nicht hören will, fühlen muß. Ein kluges Kind wird sich aber die Finger nur einmal am heißen Ofen verbrennen. In den vergangenen Wochen hatte Hitler sowohl in Afrika, als auch in Rußland Erfolge zu verzeichnen. Die Folge davon war, daß der Optimismus auf der einen, die Bestürzung und der Pessimismus auf der anderen Seite des Volkes mit einer der deutschen Trägheit unvergleichlichen Schnelligkeit anstieg. Allenthalben hörte man unter den Gegnern Hitlers, also unter dem besseren Teil des Volkes, Klagerufe, Worte der Enttäuschung und der Entmutigung, die nicht selten in dem Ausruf endigten: »Sollte nun Hitler doch...?«

Indessen ist der deutsche Angriff auf Ägypten zum Stillstand gekommen, Rommel muß in einer gefährlich exponierten Lage verharren – aber noch geht der Vormarsch im Osten weiter. Dieser scheinbare Erfolg ist unter den grauenhaftesten Opfern erkauft worden, so daß er schon nicht mehr als vorteilhaft bezeichnet werden kann. Wir warnen daher vor *jedem* Optimismus.

Wer hat die Toten gezählt, Hitler oder Goebbels – wohl keiner von beiden. Täglich fallen in Rußland Tausende. Es ist die Zeit der Ernte, und der Schnitter fährt mit vollem Zug in die reife Saat. Die Trauer kehrt ein in die Hütten der Heimat und niemand ist da, der die Tränen der Mütter trocknet, Hitler aber belügt die, deren teuerstes Gut er geraubt und in den sinnlosen Tod getrieben hat.

Jedes Wort, das aus Hitlers Munde kommt, ist Lüge. Wenn er Frieden sagt, meint er den Krieg, und wenn er in frevelhaftester Weise den Namen des Allmächtigen nennt, meint er die Macht des Bösen, den gefallenen Engel, den Satan. Sein Mund ist der stinkende Rachen der Hölle, und seine Macht ist im Grunde verworfen. Wohl muß man mit rationalen Mitteln den Kampf wider den nationalsozialistischen Terrorstaat führen; wer aber heute noch an der realen Existenz der dämonischen Mächte zweifelt, hat den metaphysischen Hintergrund dieses Krieges bei weitem nicht begriffen. Hinter dem Konkreten, hinter dem sinnlich Wahrnehmbaren, hinter allen sachlichen, logischen Überlegungen steht das Irrationale, d.i. der Kampf wider den Dämon, wider den Boten des Antichrists. Überall und zu allen Zeiten haben die Dämonen im Dunkeln gelauert auf die Stunde, da der Mensch schwach wird, da er seine ihm von Gott auf Freiheit gegründete Stellung im ordo eigenmächtig verläßt, da er dem Druck des Bösen nachgibt, sich von den Mächten höherer Ordnung loslöst und so, nachdem er den ersten Schritt freiwillig getan, zum zweiten und dritten und immer mehr getrieben wird mit rasend steigender Geschwindigkeit – überall und zu allen Zeiten der höchsten Not sind Menschen aufgestanden, Propheten, Heilige, die ihre Freiheit gewahrt hatten, die auf den Einzigen Gott hinwiesen und mit seiner Hilfe das Volk zur Umkehr mahnten. Wohl ist der Mensch frei, aber er ist wehrlos wider das Böse ohne den wahren Gott, er ist wie ein Schiff ohne Ruder, dem Sturme preisgegeben, wie ein Säugling ohne Mutter, wie eine Wolke, die sich auflöst.

Gibt es, so frage ich Dich, der Du ein Christ bist, gibt es in diesem Ringen um die Erhaltung Deiner höchsten Güter ein Zögern, ein Spiel mit Intrigen, ein Hinausschieben der Entscheidung in der Hoffnung, daß ein anderer die Waffen erhebt, um Dich zu verteidigen? Hat Dir nicht Gott selbst die Kraft und den Mut gegeben zu kämpfen? Wir *müssen* das Böse dort angreifen, wo es am mächtigsten ist, und es ist am mächtigsten in der Macht Hitlers.

»Ich wandte mich und sah an alles Unrecht, das geschah unter der Sonne; und siehe, da waren Tränen derer, so Unrecht litten und hatten keinen Tröster; und die ihnen Unrecht taten, waren so mächtig, daß sie keinen Tröster haben konnten.

Da lobte ich die Toten, die schon gestorben waren, mehr denn die Lebendigen, die noch das Leben hatten...« (Sprüche)

Novalis: »Wahrhafte Anarchie ist das Zeugungselement der Religion. Aus der Vernichtung alles Positiven hebt sie ihr glorreiches Haupt als neue Weltstifterin empor... Wenn Europa wieder erwachen wollte, wenn ein Staat der Staaten, eine politische Wissenschaftslehre bevorstände! Sollte etwa die Hierarchie... das Prinzip des Staatenvereins sein?... Es wird so lange Blut über Europa strömen, bis die Nationen ihren fürchterlichen Wahnsinn gewahr werden, der sie im Kreis herumtreibt, und von heiliger Musik getroffen und besänftigt zu ehemaligen Altären in bunter Vermischung treten, Werke des Friedens vornehmen und ein großes Friedensfest auf den rauchenden Walstätten mit heißen Tränen gefeiert wird. Nur die Religion kann Europa wieder aufwecken und das Völkerrecht sichern und die Christenheit mit neuer Herrlichkeit sichtbar auf Erden in ihr friedenstiftendes Amt installieren.«

Wir weisen ausdrücklich darauf hin, daß die Weiße Rose nicht im Solde einer ausländischen Macht steht. Obgleich wir wissen, daß die nationalsozialistische Macht militärisch gebrochen werden muß, suchen wir eine Erneuerung des schwerverwundeten deutschen Geistes von innen her zu erreichen. Dieser Wiedergeburt muß aber die klare Erkenntnis aller Schuld, die das deutsche Volk auf sich geladen hat, und ein rücksichtsloser Kampf gegen Hitler und seine allzuvielen Helfershelfer, Parteimitglieder, Quislinge usw. vorausgehen. Mit aller Brutalität muß die Kluft zwischen dem besseren Teil des Volkes und allem, was mit dem Nationalsozialismus zusammenhängt, aufgerissen werden. Für Hitler und seine Anhänger gibt es auf dieser Erde keine Strafe, die ihren Taten gerecht wäre. Aber aus Liebe zu kommenden Generationen muß nach Beendigung des Krieges ein Exempel statuiert werden, daß niemand auch nur die geringste Lust je verspüren sollte, Ähnliches aufs neue zu versuchen. Vergeßt auch nicht die kleinen Schurken dieses Systems, merkt Euch die Namen, auf daß keiner entkomme! Es soll ihnen nicht gelingen, in letzter Minute noch nach diesen Scheußlichkeiten die Fahne zu wechseln und so zu tun, als ob nichts gewesen wäre!

Zu Ihrer Beruhigung möchten wir noch hinzufügen, daß die Adressen der Leser der Weißen Rose nirgendwo schriftlich niedergelegt sind. Die Adressen sind willkürlich Adreßbüchern entnommen.

Wir schweigen nicht, wir sind Euer böses Gewissen; die Weiße Rose läßt Euch keine Ruhe!

Bitte vervielfältigen und weitersenden!

# Flugblätter der
# Widerstandsbewegung in Deutschland

*Aufruf an alle Deutsche!*

Der Krieg geht seinem sicheren Ende entgegen. Wie im Jahre 1918 versucht die deutsche Regierung alle Aufmerksamkeit auf die wachsende U-Boot-Gefahr zu lenken, während im Osten die Armeen unaufhörlich zurückströmen, im Westen die Invasion erwartet wird. Die Rüstung Amerikas hat ihren Höhepunkt noch nicht erreicht, aber heute schon übertrifft sie alles in der Geschichte seither Dagewesene. Mit mathematischer Sicherheit führt Hitler das deutsche Volk in den Abgrund. *Hitler kann den Krieg nicht gewinnen, nur noch verlängern!* Seine und seiner Helfer Schuld hat jedes Maß unendlich überschritten. Die gerechte Strafe rückt näher und näher!

Was aber tut das deutsche Volk? Es sieht nicht und es hört nicht. Blindlings folgt es seinen Verführern ins Verderben. Sieg um jeden Preis! haben sie auf ihre Fahne geschrieben. Ich kämpfe bis zum letzten Mann, sagt Hitler – indes ist der Krieg bereits verloren.

Deutsche! Wollt Ihr und Eure Kinder dasselbe Schicksal erleiden, das den Juden widerfahren ist? Wollt Ihr mit dem gleichen Maße gemessen werden wie Eure Verführer? Sollen wir auf ewig das von aller Welt gehaßte und ausgestoßene Volk sein? Nein! Darum trennt Euch von dem nationalsozialistischen Untermenschentum! Beweist durch die Tat, daß Ihr anders denkt! Ein neuer Befreiungskrieg bricht an. Der bessere Teil des Volkes kämpft auf unserer Seite. Zerreißt den Mantel der Gleichgültigkeit, den Ihr um Euer Herz gelegt! Entscheidet Euch, *ehe es zu spät ist!* Glaubt nicht der nationalsozialistischen Propaganda, die Euch den Bolschewistenschreck in die Glieder gejagt hat! Glaubt nicht, daß Deutschlands Heil mit dem Sieg des Nationalsozialismus auf Gedeih und Verderben verbunden sei! Ein Verbrechertum kann keinen deutschen Sieg erringen. Trennt Euch *rechtzeitig* von allem, was mit dem Nationalsozialismus zusammenhängt! Nachher wird ein schreckliches, aber gerechtes Gericht kommen über die, so sich feig und unentschlossen verborgen hielten.

Was lehrt uns der Ausgang dieses Krieges, der nie ein nationaler war?

Der imperialistische Machtgedanke muß, von welcher Seite er auch kommen möge, für alle Zeit unschädlich gemacht werden. Ein einseitiger preußischer Militarismus darf nie mehr zur Macht gelangen. Nur in großzügiger Zusammenarbeit der europäischen Völker kann der Boden geschaffen werden, auf welchem ein neuer Aufbau möglich sein wird. Jede zentralistische Gewalt, wie sie der preußische Staat in Deutschland und Europa auszuüben versucht hat, muß im Keime erstickt werden. Das kommende Deutschland kann nur föderalistisch sein. Nur eine gesunde föderalistische Staatenordnung vermag heute noch das geschwächte Europa mit neuem Leben zu erfüllen. Die Arbeiterschaft muß durch einen vernünftigen Sozialismus aus ihrem Zustand niedrigster Sklaverei befreit werden. Das Truggebilde der autarken Wirtschaft muß in Europa verschwinden. Jedes Volk, jeder einzelne hat ein Recht auf die Güter der Welt!

Freiheit der Rede, Freiheit des Bekenntnisses, Schutz des einzelnen Bürgers vor der Willkür verbrecherischer Gewaltstaaten, das sind die Grundlagen des neuen Europa.

Unterstützt die Widerstandsbewegung, verbreitet die Flugblätter!

*Kommilitoninnen! Kommilitonen!*

Erschüttert steht unser Volk vor dem Untergang der Männer von Stalingrad. Dreihundertdreißigtausend deutsche Männer hat die geniale Strategie des Weltkriegsgefreiten sinn- und verantwortungslos in Tod und Verderben gehetzt. Führer, wir danken dir!

Es gärt im deutschen Volk: Wollen wir weiter einem Dilettanten das Schicksal unserer Armeen anvertrauen? Wollen wir den niedrigsten Machtinstinkten einer Parteiclique den Rest unserer deutschen Jugend opfern? Nimmermehr! Der Tag der Abrechnung ist gekommen, der Abrechnung der deutschen Jugend mit der verabscheuungswürdigsten Tyrannis, die unser Volk je erduldet hat. Im Namen des ganzen deutschen Volkes fordern wir vom Staat Adolf Hitlers die persönliche Freiheit, das kostbarste Gut der Deutschen zurück, um das er uns in der erbärmlichsten Weise betrogen.

In einem Staat rücksichtsloser Knebelung jeder freien Meinungsäußerung sind wir aufgewachsen. HJ, SA und SS haben uns in den fruchtbarsten Bildungsjahren unseres Lebens zu uniformieren, zu revolutionieren, zu narkotisieren versucht. ›Weltanschauliche Schulung‹ hieß die verächtliche Methode, das aufkeimende Selbstdenken und Selbstwerten in einem Nebel leerer Phrasen zu ersticken. Eine Führerauslese, wie sie teuflischer und zugleich borniterter nicht gedacht werden kann, zieht ihre künftigen Parteibonzen auf Ordensburgen zu gottlosen, schamlosen und gewissenlosen Ausbeutern und Mordbuben heran, zur blinden, stupiden Führergefolgschaft. Wir ›Arbeiter des Geistes‹ wären gerade recht, dieser neuen Herrenschicht den Knüppel zu machen. Frontkämpfer werden von Studentenführern und Gauleiteraspiranten wie Schulbuben gemaßregelt, Gauleiter greifen mit geilen Späßen den Studentinnen an die Ehre. Deutsche Studentinnen haben an der Münchner Hochschule auf die Besudelung ihrer Ehre eine würdige Antwort gegeben, deutsche Studenten haben sich für ihre Kameradinnen eingesetzt und standgehalten... Das ist ein Anfang zur Erkämpfung unserer freien Selbstbestimmung, ohne die geistige Werte nicht geschaffen werden können. Unser Dank gilt den tapferen Kameradinnen und Kameraden, die mit leuchtendem Beispiel vorangegangen sind!

Es gibt für uns nur eine Parole: Kampf gegen die Partei! Heraus aus den Parteigliederungen, in denen man uns politisch weiter mundtot halten will! Heraus aus den Hörsälen der SS-Unter- und -Oberführer und Parteikriecher! Es geht uns um wahre Wissenschaft und echte Geistesfreiheit! Kein Drohmittel kann uns schrecken, auch nicht die Schließung unserer Hochschulen. Es gilt den Kampf jedes einzelnen von uns um unsere Zukunft, unsere Freiheit und Ehre in einem seiner sittlichen Verantwortung bewußten Staatswesen.

Freiheit und Ehre! Zehn lange Jahre haben Hitler und seine Genossen die beiden herrlichen deutschen Worte bis zum Ekel ausgequetscht, abgedroschen, verdreht, wie es nur Dilettanten vermögen, die die höchsten Werte einer Nation vor die Säue werfen. Was ihnen Freiheit und Ehre gilt, das haben sie in zehn Jahren der Zerstörung aller materiellen und geistigen Freiheit, aller sittlichen Substanz im deutschen Volk genugsam gezeigt. Auch dem dümmsten Deutschen hat das furchtbare Blutbad die Augen geöffnet, das sie im Namen von Freiheit und Ehre der deutschen Nation in ganz Europa angerichtet haben und täglich neu anrichten. Der deutsche Name bleibt für immer geschändet, wenn nicht die deutsche Jugend endlich aufsteht, rächt und sühnt zugleich, ihre Peiniger zerschmettert und ein neues geistiges Europa aufrichtet. Studentinnen! Studenten! Auf uns sieht das deutsche Volk! Von uns erwartet es, wie 1813 die Brechung des Napoleonischen, so 1943 die Brechung des nationalsozialistischen Terrors aus der Macht des Geistes. Beresina und Stalingrad flammen im Osten auf, die Toten von Stalingrad beschwören uns!

»Frisch auf mein Volk, die Flammenzeichen rauchen!«

Unser Volk steht im Aufbruch gegen die Verknechtung Europas durch den Nationalsozialismus, im neuen gläubigen Durchbruch von Freiheit und Ehre.

Dieses Buch entstand in den Jahren unmittelbar nach dem Zweiten Weltkrieg, in dessen Trümmern das Dritte Reich endete. Damals schrieb ich die Geschichte der Weißen Rose auf, ausgehend von der Geschichte meiner Geschwister Hans und Sophie, weil ich immer und immer wieder danach gefragt wurde – von Lehrern, von Schülern, von Studenten, von alten und jungen Zeitgenossen meiner Geschwister; ich schrieb sie auf für die Jugendlichen, die mit der Hitlerjugend aufgewachsen waren und denen das schreckliche Nichts jetzt die Augen geöffnet hatte – die nun nach der Wahrheit suchten, nach dem Anderen in ihrem eigenen Volk. Damals begann ein Prozeß der politischen Selbstbesinnung, es war ein befreiender Anfang...

Ich hatte mich darauf beschränkt, die Geschichte meiner Geschwister und ihrer Freunde aus unmittelbarer Nähe darzustellen. Die zeitliche Distanz, die es ermöglicht hätte, nach historischen Zusammenhängen zu fragen, gab es damals noch nicht, und auch die Frage nach dem Erfolg des Widerstandes wurde noch nicht gestellt. Denn für die Menschen, die nach Kriegsende von den schauerlichen Praktiken des Nazi-Systems erfuhren, war entscheidend, daß es überhaupt Widerstand gegeben hatte. Sie empfanden dies so, wie es in den Worten Sir Winston Churchills zum Ausdruck kam:

»In ganz Deutschland lebte eine Opposition, die zum Edelsten und Größten gehörte, das in der politischen Geschichte aller Völker je hervorgebracht wurde. Diese Männer kämpften ohne Hilfe von innen oder außen, einzig getrieben von der Unruhe ihres Gewissens. Solange sie lebten, waren sie für uns unerkennbar, da sie sich tarnen mußten. Aber an den Toten ist der Widerstand sichtbar geworden. Diese Toten vermögen nicht alles zu rechtfertigen, was in Deutschland geschah. Aber die Toten und Opfer sind das unzerstörbare Fundament eines neuen Aufbaus.«

Vor allem die jungen Menschen, deren Gutgläubigkeit so sehr mißbraucht worden war, fanden aus der Geschichte der Weißen Rose die Ermutigung zu einem neuen Anfang. Sie fühlten nicht nur eine grausame Vergangenheit oder sogar eigenes Versagen auf sich lasten, sie brachen Resignation auf durch Anerkennung, ja Identifikation mit dem Widerstand.

Im Laufe der Zeit kamen Dokumente ans Licht, die meine Aufzeichnungen durch wichtige Details präzisierten; sie gaben Hinweise auf Zusammenhänge und machten die politischen Konturen dieses Widerstandskreises sichtbarer. Eine Auswahl der Dokumente ist in diese neue Ausgabe aufgenommen.

Vor allem die Augenzeugenberichte der Freunde haben dazu beigetragen, das Wissen um die Weiße Rose zu vertiefen.

Was waren das für Menschen, die es – als eine kleine Gruppe – wagten, mit Flugblättern gegen ein in Waffen starrendes System anzukämpfen, das nahezu ganz Europa unterjocht hatte?

Was war die Absicht des Widerstandes dieser Menschen, welche politischen Ziele, welches ideologische Konzept hatten sie?

Es bestand wohl bei allen Beteiligten der Münchner studentischen Widerstandsgruppe kein Zweifel darüber, daß jenes Regime mit seinem totalen Machtapparat nicht ohne die Mittel der Macht zu stürzen war. Da sie diese nicht hatten, suchten sie einen anderen Weg: den der Aufklärung und des *passiven Widerstandes*. Ob und wie konkret sie sich von seiner Entwicklung einen Umschlag in *aktiven Widerstand* erwarteten oder erhofften, muß dahingestellt bleiben. Jedenfalls heißt es in einem der Flugblätter der Weißen Rose (II): »Wenn so eine Welle des Aufruhrs durch das Land geht, wenn es in der Luft liegt, wenn viele mitmachen, dann kann in einer letzten gewaltigen Anstrengung dieses System abgeschüttelt werden. Ein Ende mit Schrecken ist immer noch besser als ein Schrecken ohne Ende.«

Der Kreis der Weißen Rose in München zielte darauf, ein zunehmendes öffentliches Bewußtsein des wahren Charakters des Nationalsozialismus und der realen Situation zu schaffen, in die er Deutschland und Europa manövriert hatte. Sie wollten in möglichst breiten Kreisen passiven Widerstand wecken. Unter den gegebenen Umständen hätte dafür eine straffe Organisation keinen

Erfolg gehabt. Die Angst der Bevölkerung vor dem ständig lauernden Gestapo-Zugriff und das äußerst engmaschige Spitzelsystem bildeten die stärkste Barriere.

Dagegen schien die Möglichkeit noch offen, durch anonyme Aufklärung den Eindruck zu verbreiten, daß es keinen geschlossenen Block mehr hinter dem ›Führer‹ gab, daß es »an allen Ecken und Enden brodelte«, wie damals ein Münchner Intellektueller die sich anbahnende Entwicklung kennzeichnete.

Die Parole vom passiven Widerstand sollte den vielen Einzelnen, die das Regime ablehnten, das Gefühl einer wenn auch unsichtbaren, so doch realen Solidarität vermitteln, diese stärken und vergrößern, Zweifelnde gewinnen, Indifferente zu einer Entscheidung bewegen, Nazigläubige in Zweifel versetzen und Begeisterte zur Skepsis bringen. Der passive Widerstand, zu dem die Flugblätter so unmißverständlich und beinahe beschwörend aufriefen, hatte allerdings nicht viele Möglichkeiten; aber seine wenigen sollten mobilisiert werden: von der kleinen persönlichen Einübung in Zivilcourage (zum Beispiel, indem man es unterließ, den Arm zum faschistischen Gruß zu erheben, wenn eine Kolonne Braunhemden mit der Fahne vorüberzog) bis zum Austritt aus der Partei oder der Hitlerjugend; dieser Schritt erforderte allerdings außergewöhnlichen Mut: er ließ einen als verdächtigen Volksfeind erscheinen.

Da Hitler in seinen Stimmungen offensichtlich extrem abhängig von der Sympathie der Massen war, wäre ein Stimmungsumschwung durchaus keine stumpfe Waffe gewesen. So wurde damals auch in der obersten Parteispitze festgestellt, daß es sich bei den Flugschriften der Weißen Rose um eines der größten politischen ›Verbrechen‹ gegen das Dritte Reich gehandelt habe.

Der passive Widerstand hätte für einen unpolitischen Deutschen (der die Regel war) etwa mit folgenden Programmpunkten umschrieben werden können: Distanzierung von allem, was Nationalsozialismus hieß, Entzug der direkten oder indirekten Unterstützung der NS-Partei, Hilfe für die Unterdrückten, Unterstützung der Juden, wo immer es noch eine Möglichkeit gab, Solidarisierung mit Fremdarbeitern und Kriegsgefangenen, Einübung in wirksame Verweigerungen und Unterlassungen, Training des getarnten

Boykotts; sich als Glied einer großen Kette des europäischen Widerstandes zu wissen, die sich von Frankreich über Holland, Belgien, Skandinavien bis Osteuropa spannte. Die Solidarität mit den anderen europäischen Widerstandsgruppen schien meinem Bruder viel zu bedeuten; denn er sah im Zweiten Weltkrieg das Ende des Nationalismus gekommen, eines Nationalismus, der den gefährlichen Keim des Faschismus in sich trug.

Was unter passivem Widerstand zu verstehen war, ist in dem Flugblatt der Weißen Rose Nr. III ausgesprochen [Seite 84–87].

Im passiven Widerstand sahen jene Studenten die Kunst des Möglichen. Er sollte das Handeln in kleinen und kleinsten Schritten aktivieren, das jedem zugemutet werden konnte. Gemeint war: sich auf das Erreichbare zu konzentrieren, ohne das Ziel aus dem Auge zu lassen; herauszutreten aus der panischen Angst und der mörderischen Gleichgültigkeit. Der Resignation und der Apathie sollten überlegtes Handeln, Wendigkeit und Einfallsreichtum im alltäglichen Leben entgegengesetzt werden.

Erschwerend für den deutschen Widerstand war es, dabei offenbar gegen den eigenen Staat, gegen die eigene Nation und ihre Interessen opponieren zu müssen. Das war für viele ein schwerwiegender Konflikt, in dem sie sich mühsam zurechtfanden. Meine Geschwister aber hatten es als ein Scheinproblem erkannt. Hinter dem Widerstand der anderen europäischen Nationen gegen die faschistisch-deutsche Besatzungsmacht stand die Solidarität des jeweiligen Volkes. In Deutschland war es nicht so. Aber im Verzicht auf diese Solidarität des eigenen Volkes kristallisierte sich der Kern des Widerstandes gegen den Faschismus um so deutlicher heraus. Es ging zuallererst um die Rettung menschlicher Souveränität, um die Verteidigung einer freien Gesellschaft und ihrer humanen Errungenschaften, die in allen Völkern bis in unser Jahrhundert hinein mühsam, unter Opfern und gegen Unverständnis hatten erkämpft werden müssen (ein Kampf, der noch lange weitergehen wird). Es ging darum, sich zu wehren gegen die hereinbrechende Gefahr eines neuen Barbarismus, gegen die Legalisierung des Völkermordes, gegen eine freibeuterisch-elitäre Doktrin von Rasse und Staat.

Das Gemeinsame der Menschheit war zu verteidigen, war über die Interessen der eigenen Nation zu stellen. Das Gemeinsame aller Nationen und Rassen, das größer und unvergleichlich wichtiger ist als es Unterschiede sind, mußte gerettet werden. Die Nation als historische und gesellschaftliche Größe erhielt von da her ihren Stellenwert. Man verstand den Zweiten Weltkrieg, unter dessen Deckmantel auch die Vernichtung der Juden betrieben wurde, als einen Krieg der Gewalttäter gegen Schwächere, gegen Andersdenkende, gegen Andere. In einem solchen Kampf hatte jeder menschlich Verantwortliche Solidarität mit den Opfern zu zeigen. Gerade die Politik der Unterdrückung, die jener Staat angeblich im Interesse der Nation betrieb, ließ eine übergeordnete neue Gemeinsamkeit erkennbar werden.

Der politische Ansatz meiner Geschwister war zunächst einfach: sie erkannten unreflektiert die parlamentarische Demokratie an, vor allem die der Angelsachsen. Aber das stand nicht im Vordergrund. Entscheidend war, daß ihr Ja zum NS-Regime sich zu einem eindeutigen Nein entwickelte. Aus den allmählich sich einstellenden Zweifeln wurde massive Ablehnung; schließlich suchten sie einen Ausweg nicht in einer theoretischen Konzeption konkreter Möglichkeiten, sondern in dem Willen zur pragmatischen Veränderung.

Selbstverständlich wurde die Politik mehr und mehr auch zur theoretischen Passion. Hans Scholl spielte mit dem Gedanken, – nach dem Krieg in einem befreiten Deutschland – von der Medizin zur Geschichte und Publizistik, möglicherweise zur Politik überzuwechseln.

Die Vorstellung von dem, was *danach* kommen sollte, war bei jenen Studenten jedoch eher eine Ahnung als ein Konzept. Vermutlich sollte die Überwindung des Nazismus von innen heraus das Konzept für die Zukunft erst ermöglichen.

Den Nationalismus, vor allem den bürgerlichen, hatten diese Studenten in fast respektloser Weise überwunden. Sie hatten für das Politische einen wachen Sinn, der jedoch nicht ideologisch bestimmt war, sondern soziologisch: sie interessierte die Gesellschaft. Im Vordergrund stand das Versagen der deutschen Intelligenz, dessen sie sich voll bewußt waren. Deshalb sprachen sie, vor allem im ersten Flugblatt, in der Sprache des Bürgers und beriefen sich auf große Deutsche wie Schiller und Goethe. Sie versuchten vor allem das Bildungsbürgertum zu erreichen. Sie versuchten, in der deutschen Intelligenz ein schlechtes Gewissen zu wecken – und schließlich den inneren und äußeren Protest zu provozieren. In dem Tagebuch, das mein Bruder im Herbst 1942 schrieb, als er an der russischen Front als Sanitäter im Einsatz stand, finden sich die Worte: »Der Mensch ist zum Denken geboren, sagt Pascal, zum Denken, mein verehrter Akademiker, dieses Wort mache ich dir zum Vorwurf. Du wunderst dich, Vertreter des Geistes! Ein Ungeist ist es, dem du dienst in dieser verzweifelten Stunde. Aber du siehst die Verzweiflung nicht; du bist reich, aber du siehst die Armut nicht. Deine Seele verdorrt, weil du ihren Ruf nicht hören wolltest. Du denkst nach über die letzte Verfeinerung eines Maschinengewehrs, aber die primitivste Frage hast du schon in deiner Jugend unterdrückt. Die Frage: warum? und wohin?«

Mein Bruder ging davon aus, daß die Intelligenz aufgrund ihrer Einsichten eine größere Verantwortung hatte. Aber er wollte nicht, daß sie nur reflektierte, sie sollte durch politisches Engagement ihre Rolle erweitern und durch Aktionen einen anderen Stellenwert gewinnen.

Bei dieser Rigorosität des Denkens spielte die Entdeckung des Christentums eine entscheidende Rolle. Sie vollzog sich bei meinen Geschwistern gleichzeitig mit der Entwicklung ihrer politischen Autonomie. Die kirchliche Hierarchie war in jenen Jahren durch ihr anfängliches Bündnis mit dem Nationalsozialismus kompromittiert und schwieg; ungezählte Christen aber waren in den Untergrund, teilweise in den Widerstand gegangen. Ihre Standhaftigkeit, ihre Verläßlichkeit und ihr Selbstbewußtsein waren ermutigend. So tat sich ein Zugang zum Christentum auf, der nicht durch kirchliche Beiläufigkeiten verstellt war. Durch Freunde und Publizisten wie Carl Muth und Theodor Haecker partizipierten sie an dem existenzphilosophischen Dialog um Kierkegaard, Augustinus und Pascal. Andererseits entdeckten sie die Rationalität der Hochscholastik als ein Denken von hohem Rang; ein Dialog zwischen der modernen Welt und der Religion schien ihnen möglich. Anders als später in der Restauration der fünfziger Jahre waren sie sich bewußt, daß das Abendland ein vorübergegangenes historisches Faktum war. Ein Dialog zwischen Maritain, dem eher konservativen französischen Philosophen, der sich aber den Weltentwicklungen offenhielt, und Jean Cocteau, dem avantgardistischen Schriftsteller, über Theologie und Surrealismus machte ihnen Eindruck.

Das Christentum, wie es sich ihnen eröffnete, ging einher mit einer immer gegenwärtigen Kritik – Wachsamkeit hätten sie es damals nennen können –, die wie ein umsichtiger Gefährte ihren Weg in ein Niemandsland begleitete. Eine erregende Weite der geistigen und existentiellen Möglichkeiten tat sich auf, ein Spielraum, in dem das sich entfaltende Denken keine Sperren duldete.

Es konnte sich eine Beziehungslinie ergeben von expressionistischen Malern zur modernen Theologie und bis zur politischen Aktion. Man brauchte nicht aus der zweiten Hand zu leben, den Maler gab es nur noch in der Werkstatt, wo man ihn aufsuchte: seine Werke waren verboten. Den Philosophen fand man in der persönlichen Diskussion: seine Bücher waren aus dem Handel. Man war zugegen, wie Gedanken entstanden, nicht wie sie konsumiert wurden. Hier entfaltete sich eine Freiheit und Energie des Denkens, die letztlich den Willen zum Handeln erwecken konnte.

Einige wenige Studenten nahmen es auf sich, unter der Allgegenwart der Diktatur zu agieren; sie nahmen die Einsamkeit auf sich, konnten nicht einmal mit Angehörigen darüber sprechen; sie akzeptierten, daß die Allmacht der staatlichen Organe ihnen keinen Spielraum ließ; sie gaben sich damit zufrieden, Risse zu erzeugen, statt Ecksteine herauszusprengen. Mehr konnten und wollten sie nicht, und sie waren bereit, mit allem zu bezahlen, was sie hatten und waren.

URTEILE DES VOLKSGERICHTSHOFS

Im Namen
des Deutschen Volkes

In der Strafsache gegen
1.) den Hans Fritz Scholl aus München, geboren in Ingersheim am
22. September 1918,
2.) die Sophia Magdalena Scholl aus München, geboren in Forch-
denberg am 9. Mai 1921,
3.) den Christoph Hermann Probst aus Aldrans bei Innsbruck, geboren in Murnau am 6. November 1919,
zur Zeit in dieser Sache in gerichtlicher Untersuchungshaft,
wegen landesverräterischer Feindbegünstigung, Vorbereitung
zum Hochverrat, Wehrkraftzersetzung
hat der Volksgerichtshof, 1. Senat, auf Grund der Hauptverhandlung vom 22. Februar 1943, an welcher teilgenommen haben
als Richter:
Präsident des Volksgerichtshofs Dr. Freisler,
Vorsitzer,
Landgerichtsdirektor Stier,
SS-Gruppenführer Breithaupt,
SA-Gruppenführer Bunge,
Staatssekretär und SA-Gruppenführer Köglmaier,
als Vertreter des Oberreichsanwalts:
Reichsanwalt Weyersberg,
für Recht erkannt:
Die Angeklagten haben im Kriege in Flugblättern zur Sabotage der
Rüstung und zum Sturz der nationalsozialistischen Lebensform un-
seres Volkes aufgerufen, defaitistische Gedanken propagiert und
den Führer aufs gemeinste beschimpft und dadurch den Feind des
Reiches begünstigt und unsere Wehrkraft zersetzt.
Sie werden deshalb mit dem
*Tode*
bestraft.
Ihre Bürgerehre haben sie für immer verwirkt.

*Gründe.*

Der Angeklagte Hans Scholl hat seit Frühjahr 1939 Medizin studiert und steht – Dank der Fürsorge der nationalsozialistischen Regierung – im achten Semester! Zwischendurch war er im Frankreichfeldzug in einem Feldlazarett und von Juli bis November 1942 an der Ostfront im Sanitätsdienst tätig.

Als Student hat er die Pflicht vorbildlicher Gemeinschaftsarbeit. Als Soldat – er ist als solcher zum Studium kommandiert, hat er eine besondere Treuepflicht zum Führer. Das und die Fürsorge, die gerade ihm das Reich angedeihen ließ, hat ihn nicht gehindert, in der ersten Sommerhälfte 1942 Flugblätter »der weißen Rose« zu verfassen, zu vervielfältigen und zu verbreiten, die defaitistisch Deutschlands Niederlage voraussagen, zum passiven Widerstand, der Sabotage in Rüstungsbetrieben und überhaupt bei jeder Gelegenheit auffordern, um dem deutschen Volk seine nationalsozialistische Lebensart und also auch Regierung zu nehmen.

Das, weil er sich einbildete, daß nur so das deutsche Volk durch den Krieg durchkommen könne!!

Von Rußland im November 1942 zurückgekehrt, forderte Scholl seinen Freund, den Mitangeklagten Probst auf, ihm ein Manuskript zu liefern, das dem deutschen Volk die Augen öffne! Einen Flugblattentwurf wie gewünscht lieferte Probst dem Scholl auch tatsächlich Ende Januar 1943.

In Gesprächen mit seiner Schwester Sophia Scholl entschlossen sich beide, Flugblattpropaganda im Sinne einer Arbeit gegen den Krieg und für ein Zusammengehen mit den feindlichen Plutokratien gegen den Nationalsozialismus zu treiben. Die beiden Geschwister, die ihre Studentenzimmer bei derselben Vermieterin hatten, verfaßten gemeinsam ein Flugblatt »an alle Deutschen«. In ihm wird Deutschlands Niederlage im Krieg vorausgesagt: der Befreiungskrieg gegen das »nationalsozialistische Untermenschentum« angesagt und werden Forderungen im Sinne liberaler Formaldemokratie aufgestellt. Außerdem verfaßten die Geschwister ein Flugblatt »deutsche Studentinnen und Studenten« (in späteren Auflagen »Kommilitoninnen und Kommilitonen«). Sie sagen der Partei

Kampf an, der Tag der Abrechnung sei gekommen, und scheuen sich nicht, ihren Aufruf zum Kampf gegen den Führer und die nationalsozialistische Lebensart unseres Volks mit dem Freiheitskampf gegen Napoleon (1813) zu vergleichen und auf ihn das Soldatenlied »frisch auf mein Volk, die Flammenzeichen rauchen« anzuwenden!!!

Die Flugblätter haben die Angeklagten Scholl teilweise mit Hilfe eines Freundes, des Medizinstudenten Schmorell, vervielfältigt und in allseitigem Einvernehmen verbreitet:

1. Schmorell fuhr nach Salzburg, Linz, Wien und warf dort 200, 200, 1200 adressierte Flugblätter für diese Städte und in Wien außerdem 400 für Frankfurt am Main in Briefkästen;

2. Sophia Scholl warf in Augsburg 200 und ein andermal in Stuttgart 600 in Postbriefkästen.

3. Nachts streute Hans Scholl zusammen mit Schmorell Tausende in Münchner Straßen aus.

4. Am 18. Februar legten die Geschwister Scholl 1500–1800 in der Münchener Universität in Päckchen ab und Sophia Scholl warf einen Haufen vom 2. Stock in den Lichthof.

Hans Scholl und Schmorell haben auch am 3., 8. und 15. 2. 43 nachts an vielen Stellen Münchens, so vor allem auch an der Universität, Schmieraktionen mit den Inschriften »Nieder mit Hitler«, »Hitler der Massenmörder«, »Freiheit« durchgeführt. Nach der ersten Aktion erfuhr das Sophia Scholl, war damit einverstanden und bat – freilich vergeblich – künftig mitmachen zu dürfen!

Die Auslagen – im ganzen ungefähr 1000 Mark – haben die Angeklagten selbst bestritten.

Probst hat auch sein Medizinstudium im Frühjahr 1939 begonnen und steht jetzt als zum Studium kommandierter Soldat im 8. Semester. Er ist verheiratet und hat 3 Kinder von 2½, 1¼ Jahren und 4 Wochen. Er ist ein »unpolitischer Mensch«, also überhaupt kein Mann! Weder die Fürsorge des nationalsozialistischen Reichs für seine Berufsausbildung noch die Tatsache, daß nur die nationalsozialistische Bevölkerungspolitik ihm ermöglichte, als Student eine Familie zu haben, hinderten ihn, auf Aufforderung Scholls »ein Manuskript« auszuarbeiten, das den Heldenkampf in Stalingrad zum Anlaß nimmt, den Führer als militärischen Hochstapler zu beschimpfen, in feigem Defaitismus zu machen, und das dann in Aufrufform übergehend, zum Handeln im Sinne einer wie er vorgibt ehrenvollen Kapitulation unter Stellungnahme gegen den Nationalsozialismus auffordert. Er belegt die Verheißungen seines Flugblattes durch Bezugnahme auf – Roosevelt! Und hat dies sein Wissen vom Abhören englischer Sender!

Alle Angeklagten haben das oben Festgestellte zugegeben. Probst versucht sich mit »psychotischer Depression« bei Abfassung zu entschuldigen. Grund hierfür sei Stalingrad und das Wochenbettfieber seiner Frau gewesen. Allein das entschuldigt eine *solche* Reaktion nicht.

Wer so, wie die Angeklagten, getan haben, hochverräterisch die innere Front und damit im Kriege unsere Wehrkraft zersetzt und dadurch den Feind des Reiches begünstigt (§ 5 KriegssonderstrafVG und § 91 b StGB), erhebt den Dolch, um ihn in den Rücken der Front zu stoßen! Das gilt auch für Probst, der zwar behauptet, sein Manuskript habe kein Flugblatt werden sollen, denn das Gegenteil zeigt schon die Ausdrucksweise des Manuskriptes. Wer so handelt, versucht gerade jetzt, wo es gilt, ganz fest zusammenzustehen, einen ersten Riß in die geschlossene Einheit unserer Kampffront zu bringen. Und das taten deutsche Studenten, deren Ehre allzeit das Selbstopfer für Volk und Vaterland war!

Wenn solches Handeln anders als mit dem Tode bestraft würde, wäre der Anfang einer Entwicklungskette gebildet, deren Ende einst – 1918 – war. Deshalb gab es für den Volksgerichtshof zum Schutze des kämpfenden Volkes und Reiches nur *eine* gerechte Strafe: die Todesstrafe. Der Volksgerichtshof weiß sich darin mit unseren Soldaten einig!

Durch ihren Verrat an unserem Volk haben die Angeklagten ihre Bürgerehre für immer verwirkt.

Als Verurteilte müssen die Angeklagten auch die Kosten des Verfahrens tragen.

gez. Dr. Freisler                                                    Stier.

# Im Namen
## des Deutschen Volkes

In der Strafsache gegen

1.) den Alexander Schmorell aus München, geboren am 16. September 1917 in Orenburg (Rußland),

2.) den Kurt Huber aus München, geboren am 24. Oktober 1893 in Chur (Schweiz),

3.) den Wilhelm Graf aus München, geboren am 2. Januar 1918 in Kuchenheim,

4.) den Hans Hirzel aus Ulm, geboren am 30. Oktober 1924 in Untersteinbach (Stuttgart),

5.) die Susanne Hirzel aus Stuttgart, geboren am 7. August 1921 in Untersteinbach,

6.) den *Franz* Joseph Müller aus Ulm, geboren am 8. September 1924 in Ulm,

7.) den Heinrich Guter aus Ulm, geboren am 11. Januar 1925 in Ulm,

8.) den Eugen Grimminger aus Stuttgart, geboren am 29. Juli 1892 in Crailsheim,

9.) den Dr. *Heinrich* Philipp Bollinger aus Freiburg, geboren am 23. April 1916 in Saarbrücken,

10.) den *Helmut* Karl Theodor August Bauer aus Freiburg, geboren am 19. Juni 1919 in Saarbrücken,

11.) den Dr. *Falk* Erich Walter Harnack aus Chemnitz, geboren am 2. März 1913 in Stuttgart,

12.) die Gisela Schertling aus München, geboren am 9. Februar 1922 in Pößneck / Thür.,

13.) die Katharina Schüddekopf aus München, geboren am 8. Februar 1916 in Magdeburg,

14.) die Traute Lafrenz aus München, geboren am 3. Mai 1919 in Hamburg,

zur Zeit in dieser Sache in gerichtlicher Untersuchungshaft,

wegen Feindbegünstigung u. a.,

hat der Volksgerichtshof, 1. Senat, auf Grund der Hauptverhandlung vom 19. April 1943, an welcher teilgenommen haben
als Richter:
Präsident des Volksgerichtshofs Dr. Freisler,
Vorsitzer,
Landgerichtsdirektor Stier,
SS-Gruppenführer und Generalleutnant der Waffen-SS Breithaupt,
SA-Gruppenführer Bunge,
SA-Gruppenführer und Staatssekretär Köglmaier,
als Vertreter des Oberreichsanwalts:
Erster Staatsanwalt Bischoff,
für Recht erkannt:
Alexander Schmorell, Kurt Huber und Wilhelm Graf haben im Kriege in Flugblättern zur Sabotage der Rüstung und zum Sturz der nationalsozialistischen Lebensform unseres Volkes aufgerufen, defaitistische Gedanken propagiert und den Führer aufs gemeinste beschimpft und dadurch den Feind des Reiches begünstigt und unsere Wehrkraft zersetzt.

Sie werden deshalb mit
*dem Tode*
bestraft.

Ihre Bürgerrechte haben sie für immer verwirkt.

Eugen Grimminger hat einem feindbegünstigenden Hochverräter Geld gegeben. Zwar kam ihm nicht zum Bewußtsein, daß er dadurch half, den Feind des Reiches zu begünstigen. Aber er rechnete damit, daß dieser das Geld benutzen könnte, um unserem Volk seine nationalsozialistische Lebensform zu rauben.

Weil er so einen Hochverrat unterstützt hat, bekommt er zehn Jahre Zuchthaus und hat seine Ehre für zehn Jahre verwirkt.

Heinrich Bollinger und Helmut Bauer haben Kenntnis von hochverräterischen Umtrieben gehabt, das aber nicht angezeigt. Dazu haben sie fremde Rundfunknachrichten über Kriegsereignisse oder Vorkommnisse im Innern Deutschlands zusammen angehört. Dafür bekommen sie sieben Jahre Zuchthaus und haben ihre Bürgerehre für sieben Jahre verloren.

Hans Hirzel und Franz Müller haben – als unreife Burschen von Staatsfeinden verführt – hochverräterische Flugblattpropaganda gegen den Nationalsozialismus unterstützt. Dafür bekommen sie fünf Jahre Gefängnis.

Heinrich Guter hat von solchen Propagandaabsichten gewußt, das aber nicht angezeigt. Er wird dafür mit achtzehn Monaten Gefängnis bestraft.

Gisela Schertling, Katharina Schüddekopf und Traute Lafrenz haben dasselbe verbrochen. Als Mädchen bekommen sie dafür ein Jahr Gefängnis.

Susanne Hirzel hat hochverräterische Flugblätter verbreiten helfen. Daß sie hochverräterisch waren, wußte sie zwar nicht; aber nur deshalb, weil sie in unverzeihlicher Gutgläubigkeit sich keine Gewißheit verschafft hat. Sie wird mit sechs Monaten Gefängnis bestraft. Allen Angeklagten, die Zuchthaus oder Gefängnis bekommen haben, hat der Volksgerichtshof ihre Polizei- und Untersuchungshaft ganz auf ihre Strafe angerechnet.

Falk Harnack hat zwar auch seine Kenntnis von hochverräterischen Umtrieben nicht angezeigt. Aber bei ihm liegen so einmalig besondere Verhältnisse vor, daß man ihn wegen dieser Unterlassung nicht bestrafen kann. Er wird daher freigesprochen.


*Gründe.*

Dieses Urteil muß im Zusammenhang mit dem Urteil, das der Volksgerichtshof vor wenigen Wochen hat fällen müssen, betrachtet werden. Damals waren drei Personen abzuurteilen, die mit den Kern dieser hochverräterischen Unterstützung unserer Kriegsfeinde gebildet haben. Zwei von ihnen, Hans Scholl und Sophie Scholl, waren die Seele der wahrhaft hoch- und landesverräterischen, feindbegünstigenden, unsere Wehrkraft zersetzenden Organisation. Sie stammten aus einer Familie, die selbst volksfeindlich eingestellt war, und in der sie keine Erziehung genossen, die sie zu anständigen Volksgenossen machte. Über ihre Tat und Schuld stellte der Volksgerichtshof damals fest:

[Hier folgt zunächst der volle Wortlaut der Begründung des Urteils gegen Hans Scholl, Sophie Scholl, Christoph Probst – siehe Seite 106–108].

Alles, was der Volksgerichtshof in diesem Urteil festgestellt hat, ist auch Ergebnis der Wahrheitsfindung im jetzigen Verfahren. Und beruht, soweit die Angeklagten dieses Verfahrens mit in Frage kommen, auch auf deren Bekundungen, wie überhaupt alles, was in diesem Verfahren festgestellt ist, auf den Aussagen der Angeklagten selbst beruht, soweit nicht im Einzelnen etwas anderes ausdrücklich hervorgehoben ist. Nur in folgenden Punkten hat die neue Hauptverhandlung ein anderes Bild ergeben:

1. Das Flugblatt »Studenten und Studentinnen« hat Huber verfaßt. Scholl und Schmorell haben dies Flugblatt nur etwas geändert (s. unten) und dann herausgebracht;

2. in Stuttgart hat nicht Sophie Scholl sondern Hans Hirzel die Flugblätter zur Post gegeben. Sophie Scholl hat sie ihm nur nach Ulm gebracht und ihm aufgetragen, sie postfertig zu machen und in Stuttgart in Postkästen zu werfen.

3. Zu den Auslagen hat Grimminger 500 RM beigetragen. Diese Unrichtigkeiten im ersten Urteil ergeben sich daraus, daß die damaligen Angeklagten in diesen Punkten die Schuld dreier jetziger Angeklagter (Huber, Hirzel und Grimminger) mit auf sich genommen haben.

Der Volksgerichtshof, der diesmal mit denselben haupt- und ehrenamtlichen Mitgliedern urteilt wie damals, legt Wert auf die Feststellung, daß sein damaliges Urteil auch bei Kenntnis der wirklichen Sachlage in diesen drei Punkten nicht anders gelautet hätte.

Heute hat der Volksgerichtshof einen weiteren Teil der Kerngruppe dieser Organisation abzuurteilen gehabt:

1. Schmorell, der ungefähr in gleicher Weise wie Scholl mitwirkte.

2. Graf, der in fast gleichem Umfang wie Schmorell und Scholl hochverräterisch und feindbegünstigend mitarbeitete. Beide waren von der Wehrmacht zum Medizinstudium abkommandiert. Beide hätten dem Führer besonders dankbar sein müssen, denn er ließ ihnen dieses Studium – wie allen dazu abkommandierten Medizinstudenten – bezahlen; sie bekamen einschließlich Verpflegungsgeld

monatlich über 250 RM, ohne dies aber mit Verpflegung in Natur etwa 200 RM, also mehr als die meisten Studenten sonst von zu Hause bekommen. Beide waren Feldwebel, beide in Studentenkompanien eingereiht!!!

3. Neben [ihnen] steht heute noch ein Mann, der Erzieher der Jugend sein sollte: der damalige Professor *Huber*, der sich als Philosoph bezeichnet und dessen Einwirkung auf seine Studenten zwar fachlich gut gewesen sein mag. (Darüber zu urteilen fehlt dem Gericht Anlaß und Kenntnis). Aber ein deutscher Hochschulprofessor ist vor allem ein Erzieher unserer Jugend und hat als solcher besonders in Not- und Kampfzeit darauf hinzuwirken, daß unsere Hochschuljugend zu würdigen jüngeren Brüdern der Kämpfer von Langemarck erzogen wird; daß sie in absolutem Vertrauen zu unserem Führer, zu Volk und Reich gekräftigt wird, daß ihre Glieder harte und opferbereite Kämpfer unseres Volkes werden!

Der Angeklagte *Huber* tat aber genau das Gegenteil! Er stärkte Zweifel anstatt sie zu töten; er führte Reden über Föderalismus und Demokratie mit Mehrparteiensystem als Notwendigkeiten für Deutschland, statt ehernen Nationalsozialismus zu lehren und vorzuleben. In einer Zeit, in der es nicht darauf ankam, Probleme zu wälzen, sondern darauf, das Schwert zu packen, säte er Zweifel in unsere Jugend. Ein staatsfeindliches Flugblatt der »Widerstandsbewegung« redigierte er mit, ein anderes »Studentinnen und Studenten« verfaßte er selbst. Zwar wünschte er dringend, daß ein Satz, den er eingefügt hatte, darinbleibe. In ihm war die Studentenschaft aufgefordert worden, sich ganz der Wehrmacht zur Verfügung zu stellen. Aber daß er diesen Satz eingefügt hatte, kann ihn nicht entschuldigen. Denn die Wehrmacht spielte er hier gegen den Führer und die NSDAP aus, die dies Flugblatt aufs schwerste beschimpfte und zu bekämpfen aufrief! Daß die mitverurteilten Studenten diesen Satz gegen seinen Willen gestrichen haben, entschuldigt ihn also gar nicht. Wer die deutsche Wehrmacht auffordert, gegen den Nationalsozialismus zu gehen, der will ihr ihre Kraft rauben. Denn diese beruht auf der nationalsozialistischen Weltanschauung unserer Soldaten. Das ist die Grundlage der Unbezwinglichkeit unserer nationalsozialistischen Revolutionsarmeen! Ein solcher »Professor« ist nach den großen Trommlern der Pflicht unter den deutschen Professoren, nach Fichte und Kant, ein Schandfleck der deutschen Wissenschaft, den diese mit Recht vor einigen Tagen im Zusammenhang mit diesem Verfahren ausgemerzt hat: mit Schimpf und Schande wurde er aus Amt und Würden entfernt. Huber sagt weiter, er habe auch geglaubt, etwas Gutes zu tun. Wir fallen aber nicht in den Fehler des Weimarer Zwischenstaates zurück, der Hoch- und Landesverräter als Ehrenmänner ansah und als Überzeugungstäter auf Festungshaft schickte. Die Zeiten, wo jeder mit einem eigenen politischen »Glauben« herumlaufen konnte, sind vorbei! Für uns gibt es nur noch *ein* Maß, das nationalsozialistische. Danach messen wir alle!

Schmorell faselt, weil seine Mutter Russin war, zu seiner Entschuldigung davon, er sei Halbrusse, er habe Deutsche und Russen irgendwie vereinigen wollen. Zu welch bodenloser Verirrung er dabei gekommen ist, geht daraus hervor, daß er in der Hauptverhandlung einmal sagte, er habe sich vorgenommen, als deutscher Soldat »weder auf Deutsche noch auf Russen zu schießen«!!! Die nationalsozialistische Strafrechtspflege will allerdings die Persönlichkeit des Täters erfassen. Auf abwegige, volksfeindliche Einstellungen kann und darf sie aber nicht eingehen. Vor allem der Volksgerichtshof muß dafür sorgen, daß nicht noch einmal im Kriege ein Riß in unser Volk hineinkommt. Schmorell ist deutscher Soldat, hat dem Führer Treue geschworen, konnte sein Studium auf Kosten der Volksgemeinschaft weiterführen; er hat kein Recht zu einem inneren Vorbehalt, Halbrusse zu sein. Wie überhaupt die Moral der reservatio mentalis vor einem deutschen Gericht nicht bestehen kann.

Graf hat wenigstens den Mut gehabt, zum Schluß in der Hauptverhandlung zu erklären, für sein Verbrechen gebe es keine Entschuldigung. Seine Tat ist aber so schlimm, daß diese allzu späte Einsicht das Urteil nicht ändern kann.

Im einzelnen haben diese drei Angeklagten vor allem folgendes getan:

1. *Schmorell* beriet (von den Flugblättern der »Weißen Rose« und dem Flugblattentwurf des »Probst« die in diesem Verfahren kaum eine Rolle spielen, abgesehen) alles mit Scholl zusammen.

Er beteiligte sich am Entschluß, Flugblätter zu verfassen und zu verbreiten, arbeitete bei deren Herstellung aktiv mit, besorgte teilweise das dazu nötige Material, kannte und billigte deren Inhalt, besonders den der »Widerstandsbewegung« und den der Hetzschrift »Studentinnen und Studenten«, nahm an deren Verbreitung außerhalb Münchens teil, fuhr dazu selbst nach Salzburg, Linz und Wien und steckte dort die Flugblätter für diese Städte und für Frankfurt a. M. in Postkästen, beteiligte sich bei den nächtlichen Streu- und Schmieraktionen und beim Verbreiten von Flugblättern mit der Post in München, nahm an einem Abschiedsabend für ihn und Graf im Atelier Eickemeyer (als sie im Sommer 1942 zum Fronteinsatz abfuhren) teil und auch an sonstigen Zusammenkünften mit Huber und Studentinnen, in denen politisch im Sinne ihrer volksverräterischen Gedanken und Pläne diskutiert wurde. Auch fuhr er mit Scholl zu Grimminger, um dort Geld locker zu machen; und ebenfalls mit Scholl zu Propagandazwekken zu Harnack.

2. Von *Graf* ist dasselbe festzustellen wie von Schmorell, nur, daß er an den Fahrten nach außerhalb nicht beteiligt war und auch nicht Material zur technischen Flugblattherstellung beschafft hat. Dafür machte er eine Informations- und Propagandafahrt, die ihn u. a. zu Bollinger führte, den er zu werben suchte.

3. *Huber* wußte vom Treiben Scholls, der ihm seine Gedanken, Pläne und Handlungen gesagt hatte, nahm an den Zusammenkünften teil, redigierte das Flugblatt »an alle Deutschen« der Widerstandsbewegung, lieferte selbst den Entwurf zum Flugblatt »Studentinnen und Studenten« (s. dazu weiter oben), gab bei den Zusammenkünften seine »politischen« Gedanken im Sinne der Notwendigkeit des Föderalismus der angeblich »süddeutschen Demokratie« gegenüber dem angeblich preußisch-bolschewistischen Flügel des Nationalsozialismus kund, bestärkte also die Studenten in ihrer Volks- und Staatsfeindlichkeit. In welchem Geist er das tat, dafür zeugt unwiderleglich sein Flugblattentwurf. An seiner Gesinnung und seinen Werken ändert auch nichts, daß er, wie er sagt, nachdem sein Satz über Studententum und Wehrmacht gestrichen war, (vergeblich) den Entwurf hat anhalten wol-

len. Denn wäre das Flugblatt, so wie er es verfaßt hatte, herausgekommen, so wäre sein Verhalten genauso zu verurteilen.

Wer als Professor oder Student so den Führer beschimpft, gehört nicht mehr zu uns. Wer so den Nationalsozialismus begeifert, hat keinen Platz mehr zwischen uns. Wer so mit seinen hochverräterischen Ausgeburten eines volksfeindlichen Gehirns im Kriege unsere Geschlossenheit und Kampfentschlossenheit aufspaltet, der nagt an unserer Wehrkraft; er hilft dem Feind in diesem Krieg (§ 91b StGB.). Männer wie Huber, Schmorell und Graf wissen das auch.

Wer so handelt, hat den Tod verdient. Solches Verhalten können auch nicht Verdienste (auf solche weist Huber hin) wettmachen.

Dieser ersten Gruppe von Verurteilten, die mit den Geschwistern Scholl und Probst, den der Volksgerichtshof ebenfalls in seinem ersten Urteil bestraft hat, den Kern der Dolchstoß-Organisation der »Widerstandsbewegung« bilden, steht nach der Bedeutung seiner Tätigkeit der Angeklagte Grimminger am nächsten. Ihn besuchten in Stuttgart Scholl und Schmorell, erzählten von ihren volksfeindlichen Agitationen, Plänen des Flugblattvertriebes oder der Bereisung von Universitäten, um Gleichgesinnte zu finden und davon, daß sie dafür Geld von ihm haben wollten. Er antwortete ausweichend, sagte aber dabei Scholl, er solle doch nach einigen Wochen noch einmal kommen. Das tat Scholl. Und nun gab ihm Grimminger 500,–RM! Den Eindruck, daß er sich dabei bewußt geworden wäre, mit diesem Geld über die Unterwühlung der Einigkeit der Heimat hinaus zugleich auch unsere Front und unsere Kriegskraft zu schwächen, und dadurch unseren Kriegsfeinden zu helfen, hat er freilich nicht gemacht. Aber auch als schwerer Fall von Hochverrat wäre dieser Fall anders bestraft worden, wenn nicht zum Schluß in der Hauptverhandlung – noch nach dem Strafantrag des Oberreichsanwalts – erwiesen worden wäre (Zeugin Hahn), daß er für seine Angestellten, die Soldaten sind, besonders viel tut; einem von ihnen, der schwerverletzt ist, sogar das Studium ermöglichen will. Das alles ließ dem Gericht seine Versicherung glaubhaft erscheinen, daß er nicht daran gedacht hat, den Feind des Reiches zu begünstigen. Und läßt seine Persönlichkeit in etwas besserem Lichte erscheinen. Deshalb hat der Volksgerichtshof seine Tat (§ 83 StGB.) als mit zehn Jahren Zuchthaus gesühnt angesehen, wodurch auch die Sicherheit des Reiches ihm gegenüber voll gewährleistet wird.

Die nächste Gruppe der Angeklagten hat trotz Kenntnis des volksfeindlich-hochverräterischen Unternehmens keine Anzeige erstattet und außerdem ihr Ohr dem Feinde geliehen. Das sind Bollinger und Bauer. Bollinger war aus einer katholischen Jugendorganisation »Das neue Deutschland« (im Saargebiet vor dessen Heimkehr ins Reich) mit Graf bekannt. Diesem Bund gehörte übrigens auch Scholl an, den Bollinger ebenfalls daher kannte.*

Als Graf sich auf Anraten von Scholl entschloß, eine Reise ins Rheinland auch dazu zu benutzen, um in Universitätsstädten – Bonn und Freiburg – bei Bekannten die Stimmung zu sondieren und für ihre volksfeindlichen Pläne zu werben, wollte er in Freiburg auch Bollinger sprechen, erfuhr aber, daß dieser nach Ulm gefahren war. Dort meldete er sich bei ihm und besuchte mit ihm zusammen dessen dortigen Bekannten. Bei diesem sprachen sie nichts Politisches. Spät abends aber, als Bollinger den Graf wieder zum Bahnhof begleitete, erzählte er ihm von den Gedanken und Plänen des Kreises Scholl in München. Seine Werbungsversuche waren erfolglos. Wohl aber ließ er ihm ein Flugblatt zurück. Das zeigte bald darauf Bollinger seinem Freunde, dem Mitangeklagten Bauer, übrigens auch einem Bekannten aus dem »neuen Deutschland«! Nicht um zu werben, sondern um ihm das Gespräch mit Graf zu erzählen. Bollinger und Bauer waren sich in der Ablehnung des Flugblattes und der ganzen Scholl'schen Aktion einig.

Um der Sicherung des Reiches willen muß ein Urteil wie dieses zeigen, daß, wer als reifer Mann mit Hochschulbildung, wie diese beiden, so etwas nicht anzeigt, ins Zuchthaus wandert. Die Polizei kann nicht überall sein. Die Volksgemeinschaft ist darauf angewiesen, daß jeder, der ein anständiger Deutscher sein will, wenn er von so etwas erfährt, die Partei, den Staat und die Behörden unterstützt und solche hochverräterischen Unternehmungen meldet. Bei die-

---

* Es trifft nicht zu, daß Hans Scholl diesem Bund angehörte. (Anm. d. Red.)

117

sen beiden ist auch ihr Ungehorsam gegenüber dem Führer zu bestrafen: Weil sie, obwohl sie wußten, daß es der Führer verboten hat, ausländische Sender über militärische und innerpolitische Vorkommnisse abhörten. Sie taten das nämlich mehrmals über Wochenende gemeinsam auf einer Skihütte. Sie versuchen dies damit zu entschuldigen, sie hätten sich nur über angebliche Studentenunruhen in München unterrichten wollen. Eine dummdreiste Ausrede! Darüber unterrichtet man sich als ordentlicher Deutscher nicht im Radio Beromünster und London!

Den schweren Fall der Nichtanzeige des Hochverrates (§ 139 StGB.) und das Abhören der Auslandsender (§ 1 der Verordnung über außerordentliche Rundfunkmaßnahmen) hat der Volksgerichtshof bei jedem mit sieben Jahren Zuchthaus bestraft. Beide baten zwar, ihnen ihre Berufsmöglichkeiten nicht zu zerstören. Daran hätten sie aber vorher denken sollen!

Huber, Schmorell und Graf haben als Volksverräter, die im Kriege dem Feind geholfen und unsere Wehrkraft zersetzt haben, treulos gehandelt und der deutschen Jugend, – besonders der Jugend von Langemarck – Schande gemacht. Sie haben durch ihren Verrat ihre Ehre für immer verloren. Ihre Ehre haben durch ihre Treulosigkeit auch Grimminger, Bollinger und Bauer verwirkt; wie der Volksgerichtshof feststellt, auf eine ihrem Strafmaß gleiche Zeitspanne.

Die dritte Gruppe der heutigen Angeklagten sind dumme Jungen und dumme Mädels, durch die die Sicherheit des Reiches nicht ernstlich gefährdet ist.

An der Spitze stehen hier die Schüler und Klassenkameraden Hans Hirzel und Franz Müller. Hirzel unterhielt sich, wenn Scholl in Ulm auf Urlaub war, öfter mit diesem. Scholl hat, wie der Volksgerichtshof aus eigener Wahrnehmung weiß, einen stark suggestiven, durch Nur-Intellektualität noch gesteigerten Einfluß, erst recht auf einen so unreifen Wirrkopf wie Hirzel, ausgeübt. Scholl bearbeitete Hirzel in seinem Sinne. Er riet ihm, sich politisch weiterzubilden, damit er beim Zusammenbruch Deutschlands als Redner im Sinne der Scholl'schen föderalistisch-individualistischen Mehrparteiendemokratie wirken könne!!!...

Dem Volksgerichtshof fällt auf, daß aus *einer* Schulklasse drei Schüler (auch Heinrich Guter) in dieser Sache erscheinen und noch weitere erwähnt wurden! Da muß etwas nicht stimmen, was am Geiste dieser Klasse liegt und was der Senat nicht allein diesen Jungen zur Last legen kann. Man schämt sich, daß es eine solche Klasse eines deutschen humanistischen Gymnasiums gibt!! Den Gründen hierfür im einzelnen nachzugehen, ist aber nicht Aufgabe des Volksgerichtshofes. ...

Die Angeklagten, die verurteilt sind, müssen auch die Kosten dieses Strafverfahrens tragen.

Nur besondere Kosten gegen Harnack trägt die Reichskasse, weil dieser freigesprochen ist.

gez.: Dr. Freisler                                                                                 Stier.

AUGENZEUGENBERICHTE

Josef Söhngen, Buchhändler in München, Freund von
Hans Scholl, Mitwissender der Aktion und zu
Hilfestellungen herangezogen.
Brief an Inge Scholl, Ende 1945

Wenn ich zum ersten Male in diesem Brief an Sie versuche, eine
Darstellung meiner Beziehungen zu der Studentenerhebung zu geben, so kann es wirklich nur ein Versuch sein. Bisher habe ich versucht, immer so neutral zu bleiben, wie ich es in der Zeit der aktiven
Tätigkeit in bewußter Verabredung mit Herrn Scholl war.

Ich lernte Hans Scholl etwa 1940/41 in meiner Buchhandlung kennen und in häufigen längeren Gesprächen erkennen, daß es ein
junger Mensch war von seltenen Qualitäten, der insbesondere um
religiöse Probleme mit einer Heftigkeit gerungen hat, wie ich es
überhaupt nicht wieder erfahren habe... Da uns religionsphiloso-
phische Fragen vorherrschend beschäftigten, haben wir kaum über
politische Gegenwartsfragen gesprochen, vornehmlich nicht im
Anfang unserer Bekanntschaft. Unser beider Gesamthaltung ließ
aber gar keinen Zweifel darüber, daß wir zumindest vollkommen
ablehnend dem NS gegenüberstanden. Wenn ich mich recht erinnere, war es eine heftige Bemerkung von mir gegen das Regime
und besonders die Einrichtung der Gestapo, die mich gerade wieder
einmal – ich weiß nicht, wie oft schon – vernommen hatte, die
H.S. veranlaßte, aus seiner Reserve herauszutreten und mir folgenden Vorschlag zu machen. Zeitpunkt dieses Vorschlages: unmittelbar vor seinem Frontdienst im Herbst 1942, für den man ja das
grausame Wort Frontbewährung erfunden hatte. In seinen beiden
Briefen, die ich noch besitze, weist er dann in verkappter Form auf
die beabsichtigten weiteren Gespräche hin. Sofort nach seiner
Rückkehr – es mag Anfang Dezember gewesen sein – besuchte er
mich wieder in meiner Buchhandlung und wir verabredeten ein
ausführliches Gespräch für den nächsten Tag. Bei diesem Gespräch
entwickelte H.S. seine Pläne in aller Ausführlichkeit, und die
gründliche Unterbauung seiner Gedanken aus seiner weiten und
sicheren Schau und einer klaren, festgeformten religiösen Weltanschauung – also Gedankengängen, die vollkommen frei waren von

kleinlichen Gesichtspunkten – bestimmten mich sofort und bedingungslos, meine Mitarbeit und Mithilfe zuzusichern. H.S. sprach unter anderem davon (diese einzelnen Hinweise aus verschiedenen Gesprächen zusammengezogen), daß Verbindungen zu vielen Universitäten bestehen, daß in Württemberg beispielsweise alle Vorbereitungen getroffen seien, bei Gelingen des Umsturzes eine neue Regierung zu bilden. Im übrigen hatte H.S. die Taktik, keinerlei weitere Namen und Stellen zu nennen, außer denjenigen, die man unbedingt wissen mußte. H.S. hatte eine Querverbindung zur Gestapo und erhielt von diesem Mittelsmann im geeigneten Moment eine Warnung. In diesem Falle – es war viermal notwendig – wurden die Druckmaschinen, später auch die Druckstöcke, mit denen die Aufschriften »Nieder mit Hitler« an Häusern und auf der Straße angebracht wurden, in dem Keller meiner Buchhandlung unter dem Abfallpapier versteckt gehalten. Um dieses Versteck möglichst sicher zu halten, sollte ich meinerseits bei den verschiedenen Besprechungen und Zusammenkünften nicht anwesend sein. H.S. unterrichtete mich aber von allen Vorgängen und ich hatte Möglichkeit, meine Meinung zu äußern.

Meine Aufgabe war es, die H.S. angebotene Verbindung mit dem Ausland aufzunehmen. Hier ergab sich für mich die günstige Gelegenheit durch den Kunsthistoriker Giovanni Stepanow, der der Lehrer und Vertraute der Kronprinzessin von Italien war. Prof. Stepanow, mit dem ich durch mehrere Jahre eindeutig politische Gespräche geführt hatte, offenbarte mir im Herbst 1942, daß viele Fäden der antifaschistischen Bewegung in Italien in den Händen der Kronprinzessin von Italien zusammenliefen, und wenn ich Kenntnis erhalten sollte von Gruppen oder Vereinigungen, die sich in Deutschland aktiv gegen den NS betätigten, sollte ich ihnen in vereinbarter Form Nachricht geben. Ich versuchte damals, um Prof. St. die Einreise nach Deutschland zu ermöglichen, kunstwissenschaftliche Vorträge zu veranstalten. Da mir von den Parteidienststellen hierzu die Genehmigung versagt wurde, konnte ich erreichen, daß die Konzertdirektion Bauer, München, die keine Ahnung von den Nebenabsichten hatte, diese Vorträge einrichtete. Im Monat Dezember sprach ich erstmals mit Prof. St. auf seiner

Durchreise von den Plänen des H. S., und es war zwischen Prof. St. und mir verabredet, daß auf seiner Rückreise von Berlin nach der Schweiz, wo er weitere Ausländer sprechen wollte – wenn ich mich recht erinnere, war es eine direkte Verbindung nach England –, eine erste Zusammenkunft mit H. S. stattfinden sollte. In den letzten Tagen des Dezember 1942 kam St. wieder, und leider war H. S. zur Zeit bei seinen Eltern in Ulm. Das Visum war auf einen bestimmten Tag fixiert und so konnte Prof. St. nicht warten. Ich hatte mit Prof. St. vereinbart, daß ich ihm telegraphieren würde, sobald die Bewegung festere Formen angenommen haben würde, und zwar mit der Angabe, daß neue Vorträge festgesetzt seien. Dieses Telegramm habe ich im Einverständnis mit H. S. Anfang Februar aufgegeben, und Prof. St. erschien bei mir erst – die Erledigung der Visumformalität hatte sich länger hingezogen – nachdem es zu spät war.

In dieser Zeit mußte ich bei der sehr schwierigen Geschäftslage sehr oft und manchmal unerwartet verreisen, und deshalb hatte ich, da auch die Besuche des Herrn Prof. St. niemals vorher festgelegt werden konnten, den damaligen Medizinstudenten und jetzigen Dr. Fritz Seidel, München, ins Vertrauen gezogen, damit er in meiner Abwesenheit Prof. St. von dem Geschehenen unterrichten konnte, um von ihm gegebenenfalls neue Tatsachen zu erfahren. So mußte auch Seidel einmal die Druckapparate in Empfang nehmen und in meinem Keller verwahren.

Da die Zeit drängt, diesen Brief verabredungsgemäß zur Bahn zu bringen, muß ich die Darstellung der Zusammenkünfte mit H. S., die immer in meiner Wohnung und meist sehr spät stattfanden – der Anruf erfolgte unter einem Decknamen – insbesondere auch die Schilderung meiner letzten Zusammenkunft mit H. S. am Dienstagabend, zwei Tage vor seiner Verhaftung, in einem weiteren Brief darstellen. Gemäß unserer Verabredung darf ich Sie bitten, vor einer wie immer gearteten Verwertung dieses Briefes Rücksprache mit mir nehmen zu wollen.

Mit meinen herzlichen Grüßen verbinde ich die Versicherung meiner Freude, Sie nunmehr persönlich kennengelernt zu haben.

[Fortsetzung des Berichts:]

... Zu wirklich wesentlichen Gesprächen kam es nur bei unseren abendlichen Zusammentreffen, bei denen wir allein waren. Neben literarischen Fragen waren es immer wieder vorherrschende religiöse Probleme, die Hans Scholl zu mir führten und ich habe nie einen jungen Menschen getroffen, der mit solcher Intensität und Unbeirrbarkeit um diese Dinge gerungen hat. Es konnte sein, daß er, um sich den Begriff des Dreieinigen Gottes zu klären, zwei bis drei Tage durch die Berge wanderte und daß er dann, wurde ihm eine solche Frage klar, ganz gelöst, fast beglückt zu mir gekommen ist. Erst sehr spät, etwa im September 1942 deutete H.S. an, daß er wichtige Dinge mit mir besprechen wollte, daß er es aber bis zu seiner Rückkehr hinausschieben wolle...

Als H.S. aus Rußland wiederkam, besuchte er mich sofort, und wir sprachen damals, wohl am zweiten oder dritten Abend zum erstenmal über seine politische Tätigkeit und über seine Pläne. Durch seine Urlaubsreise über Weihnachten und Neujahr nach Ulm und mehrere Fahrten im Januar nach Stuttgart, die alle in Verbindung mit dieser politischen Aktion standen, hatten unsere Gespräche nicht mehr die Ruhe des vergangenen Jahres. Es lag über ihnen fast etwas Gehetztes und oft hat er mich spät in der Nacht angerufen, um den Entwurf eines Flugblattes, um irgendwelche Pläne zu besprechen, wie etwa die Verbindung mit einer in Württemberg vorbereiteten Regierung, die nach dem Sturz der Nazis die Regierungsgeschäfte ausüben sollte. Manchmal war es auch nur der Mensch, der junge Freund, der zu mir kam, um von dem Gehetze mit einem Gespräch, etwa über Kleist oder über irgendein religiöses Problem, oder auch in einem Schweigen über einem Glas Wein auszuruhen. Einmal als er etwa um Mitternacht zu mir kam, sagte er mir: »Lassen Sie mich eine halbe Stunde hier sitzen, das wird mir wieder Gleichgewicht geben.« Ich freute mich über das Wissen um ein gutes Verstehen und ich glaubte ihn immer richtig zu nehmen. – Schönste Anerkennung und traurigste zugleich, die mich zu Tränen rührte – die Worte, die er seiner Mutter wenige Minuten vor seiner Hinrichtung als Grüße an mich sagte.

Es war eine Taktik von H.S., möglichst wenig Menschen, die in diese politische Sache verwickelt waren, miteinander bekannt zu machen. Es sollte nur ein ganz kleiner Kreis sein, der Berührung miteinander hatte, damit bei einem Eingreifen der Gestapo nur eben dieser kleine Kreis von Menschen erfaßt werden konnte. Bei ihm liefen, soweit ich orientiert bin, alle Fäden zusammen, aber er hat Menschen nur miteinander in Verbindung gebracht, soweit es die Situation dringend erforderte. In dieser Zeit war der erste Versuch unternommen worden, eine Verbindung zu Italien und wenn möglich zu andern Ländern – in meiner Buchhandlung trafen sich auch in der Kriegszeit noch viele Ausländer – herzustellen. Anfang Februar drängte H.S. immer mehr darauf, die Bewegung auf eine breitere Basis zu stellen und eben diese Auslandsverbindungen zu fördern, da er, wie er mir sagte, von der Gestapo bedrängt wurde und man es nicht übersehen konnte, wann seine Verhaftung erfolgen könne. Um ihm und der ganzen Bewegung besser helfen zu können, hatten wir vereinbart, daß ich in keiner Besprechung mit den anderen – er nannte mir auch hier keine Namen – teilnehmen sollte, damit eben, wie es mehrfach geschah, die Druckapparate und Druckstöcke bei mir im Falle einer Haussuchung in seiner Wohnung oder im Atelier Eickemeyer in ziemlicher Sicherheit sein konnten. Ich war daher auch nie in der Wohnung von H.S. in der Franz-Joseph-Straße 13 und hatte ihn nur ein einziges Mal dort abgeholt, um mit ihm zusammen zu der Vorlesung von Theodor Haecker im Atelier Eickemeyer zu gehen. Bei meiner ersten Vernehmung verschwieg ich die Teilnahme an dieser Vorlesung, weil ich lediglich zu dem Vortrag, der sich über drei Stunden ausdehnte, blieb und dann unmittelbar nach Prof. Haecker die Wohnung verließ, Arbeit vorschützend, in Wirklichkeit eben unserer Verabredung gemäß, um nicht an Geheimsachen ausgesprochen politischer Art teilzunehmen. [...]

Etwa 10 Tage vor seiner Verhaftung läutete H.S. wie immer unter einem Decknamen etwa um 23 Uhr bei mir an, ob er ein bestelltes Buch, das er für den nächsten Tag dringend benötige, abholen könne. Er kam wenige Minuten später mit Alexander Schmorell und brachte zum letzten Mal in Handkoffern und Rucksäcken die Druckstöcke, Druckmaschinen und die fertigen Flugblätter zu mir.

Der in unsere Bewegung mit einbezogene Med. Student Fritz Seidel war noch bei mir zu Gast, und wir haben dann, immer darauf achtend, daß wir nicht beobachtet werden können, die Gegenstände, wie ich es vorher mehrfach allein getan hatte, unter den Abfallpapieren aus meiner Buchhandlung im Keller versteckt. Am nächsten Mittag holten beide, H. S. und A. Sch. sämtliche Sachen wieder ab, da, wie sie mir sagten, durch die Auskunft ihres Gewährsmannes, die Gefahr für den Augenblick wieder abgewendet sei. Dienstag, den 16.2.43, kam H. S. nochmals in ziemlicher Erregung zu mir und ließ mich das bereits fertig hergestellte Flugblatt lesen. Ich glaubte einige Einwendungen gegen den Text machen zu müssen, aber er sagte mir, daß er nun nichts mehr ändern wolle und könne. Er hatte die Absicht, diese Blätter in den nächsten Tagen in der Universität zu verteilen, es war ihm aber nicht ganz klar, wie er es machen wollte, und ich beschwor ihn, es niemals in der Form, wie er es etwa meinte, vor den Türen der einzelnen Institute oder auf den Treppen oder der Garderobe in größerer Anzahl hinzulegen, da die Möglichkeit, daß er dabei beobachtet werde, viel zu groß sei. Ich bat ihn auch dringend, nichts mehr in dieser Form zu tun, die ihn allzusehr exponierte. Es müsse ein Weg gefunden werden, daß er etwas anonym bleibe. Er antwortete mir darauf, er sei vollkommen darüber orientiert, daß die Gestapo ihn strengstens verfolge und, wie ihn sein Gewährsmann dahin unterrichtete, seine Verhaftung in diesen Tagen erfolgen würde, dann müsse er noch einmal aktiv sein, ehe er unschädlich gemacht würde, er würde aber, das könne er mir auf das Bestimmteste versichern, nichts mehr in politischem Sinne unternehmen, das ihn so sehr belasten könnte wie seine bisherigen Pläne und Absichten, und daß er sich wieder ganz seinem Studium und seinen Plänen widmen wolle. Was dann am Donnerstag, den 18.2., erfolgte, ist bekannt. Am Donnerstag – etwa um 14 Uhr habe ich – es war untrüglich die Stimme von A. Sch. (Alexander Schmorell) – einen Anruf erhalten, daß Hans plötzlich weg sei, und noch bevor ich von den Gerüchten, die die Stadt sofort erfüllten, etwas erfahren hatte, war mir die Tatsache seiner Verhaftung klar, und für einige Stunden lähmte mich der Schrecken, daß ein Mensch, der meinem Herzen sehr nahe stand, sein Leben verwirkt hatte.

... Am 11.3.43 erfolgte meine erste Verhaftung, die erste Haussuchung, die ergebnislos verlief. Nach einem 10stündigen Kreuzverhör wurde ich wieder entlassen. Wenn ich schon vorher eine große Anzahl des evt. mich belastenden Materials Frau Henriette W. in Ambach gegeben hatte, ebenso auch die Briefe von H.S., so säuberte ich nach meiner Rückkehr mit einem besonderen Nachdruck noch einmal Bibliothek und Schreibtisch, weil ich damit rechnete, daß dies nur der Anfang sei. Als ich doch einige Wochen nichts mehr erfuhr, glaubte ich, mir die ersten Notizen machen zu können; diese wie noch einige recht verfängliche Briefe, die ich im Zusammenhang mit der Sache erhalten hatte, bewahrte ich in meinem Schreibtisch auf. Am 13.4. vormittags 9 Uhr erhielt ich den Anruf der Gestapo, daß ich um 13.15 Uhr noch einmal zur Briennerstraße kommen möchte, weil sie noch eine Frage zu klären hätten. Durch Dr. Naumann, Furtwängler und andere war ich über die Vernehmungen der einzelnen Leute orientiert und da in all diesen Vernehmungen nie nach mir gefragt wurde, so glaubte ich mich in einiger Sicherheit und war im Augenblick der Meinung, daß es sich wirklich nur um eine informatorische Frage handeln könne. Immerhin benachrichtigte ich Fritz Seidel, der sofort zu mir kam, und wir konnten uns verständigen über gleichlautende Aussagen bei einer eventuellen Vernehmung seinerseits, und was er in Benachrichtigung meiner Mutter und anderer geschäftlicher und persönlicher Fragen unternehmen möchte. [...] Es war außerordentlich schwer, stundenlang sich wiederholende Fragen in veränderter Form, die immer wieder die gleichen Dinge betrafen, rasch und präzise zu beantworten, und als ich am Ende der Vernehmung gefragt wurde, ob ich mit der Post ein Flugblatt erhalten habe, als ich also zum erstenmal mit völliger Überzeugung sprechen konnte – viele Juristen haben mir auch bestätigt, daß meine Meinung richtig war –, hatte ich den vielleicht einzigen groben Fehler begangen zuzugeben, daß ich dieses Flugblatt erhalten, aber, und auch das entsprach wieder den Tatsachen, sofort vernichtet hatte. Da die Gestapo immer einen Grund zu meiner Verhaftung suchte und nicht finden konnte, so war hier endlich eine Handhabe gegeben; diese Verbrecher glaubten ja immer ord-

Traute Lafrenz, Medizinstudentin, befreundet mit
Hans Scholl, vermittelte den Kontakt zu Hamburger
Widerstandsgruppen (später Hamburger Zweig der
Weißen Rose genannt)

Durch Alexander Schmorell, den ich während seines Studiums in
Hamburg im Sommer 1939 kurz kennengelernt hatte, lernte ich
Hans Scholl im Mai 1941 bei einem Konzert im Odeon kennen. (Es
wurden die Brandenburg. Konzerte von Bach gespielt.) Zwischen
Hans und mir entwickelte sich schnell eine Freundschaft. Gab
schon die gleiche politische Einstellung eine gute Basis – man hatte
damals so einen besonderen Sinn, mit dem man nach den ersten
zwei Sätzen des Gegenübers dessen Gesinnung feststellen konnte –
so kamen gleiches literarisches Interesse, Freude an Wanderungen,
gemeinsame Konzertbesuche bald hinzu und festigten das Band.
Im Laufe des Jahres 1942 bildete sich dann ein kleiner Kreis. Christoph Probst, Willi Graf, entfernter Raimund Samüller und Hubert
Furtwängler kamen hinzu. Im Mai 1942 kam Sophie dann nach
München. Wir trafen uns zu gemeinsamen Leseabenden, luden ältere, erfahrene Menschen zu uns ein (so Furtmeier, Radecky, Theodor Haecker, Professor Muth und Huber.) Die Abende waren
durchwegs literarisch, ohne feste Zielsetzung. Vielleicht mit einem
betonten Geschichtsinteresse. Nur zum Schluß wurden meistens
kurz die politische Lage, die Ausweglosigkeit und Trostlosigkeit,
mit der alles dem Untergang blind entgegentrieb, sowie evt. Nachrichten über den Rückzug der Wehrmacht besprochen. (Dabei fällt
mir ein, daß das, was uns als Einzelne während dieser Zeit am tiefsten anging, nämlich wie jeder von uns ein aufrichtiges Verhältnis
zum Christentum zu bekommen anfing, selten oder nie besprochen
wurde.) Besonders Hans knüpfte immer wieder Beziehungen an zu
Menschen, von denen er annehmen konnte, daß sie geistig und politisch unserer Richtung entsprechen mußten. So bekam man das
Gefühl als existiere ein breitgespanntes, vielmaschiges Netz Gleich-
denkender – die ja in Wahrheit auch da waren, aber als Einzelne –
und da wir immer nur mit diesen und nicht mit den vielen Anders-
denkenden in Verbindung waren, negierte man die Vielen und

baute auf die Wenigen und glaubte sich stark. Anfang Juni 1942 bekamen meine Hausleute die erste Folge der »Weißen Rose« mit der Post zugesandt. Aus Text, Art des Satzbaus, bekannten Stellen aus Goethe, Laotse erkannte ich sofort, daß das Blatt von »uns« verfaßt sein mußte, war aber noch im Zweifel, ob Hans selber es getan.

In einer der nächsten Folgen erkannte ich an einem Zitat aus dem Prediger, das ich Hans einmal gegeben, daß er selber der Verfasser sein mußte. Ich fragte daraufhin Hans, er antwortete, es sei falsch, immer nach dem Urheber zu fragen, das gefährde diesen nur, die Zahl der direkt Beteiligten müsse eine ganz, ganz kleine bleiben und es sei besser für mich, wenn ich möglichst wenig wisse. Dabei blieb es. Mir war damit mein Platz zugewiesen, ich nahm ihn an. Sorgte, daß die Blätter weiter verbreitet wurden...

Nachdem die Jungs als Soldaten der Studentenkompanie im Juli 1942 nach Rußland abgefahren waren, kam Sophie noch einmal nach München zurück. Im Zusammenhang mit der Verurteilung des Vaters konnte mit einer Haussuchung auch bei den Kindern in München gerechnet werden. Wir gingen in Hansens Zimmer in der Lindwurmstraße und zu Sophie in die Mandlstraße und vernichteten, wessen wir habhaft werden konnten und was Verdacht erregen konnte.

Im November 1942 fuhr ich einige Wochen nach Hamburg. Dort kannte ich einen Kreis von Studenten, die dem Münchner Kreis in Gesinnung und Denkensart ähnlich waren, wenn auch ihre mehr rein intellektuelle, weniger vitale Veranlagung weniger zum Tun drängte. Ich berichtete ihnen von den Vorgängen in München, gab ihnen zwei Flugblätter und wir besprachen, die Verbreitung auch über Norddeutschland auszudehnen. Heinz Kucharski, der der Kopf dieses Kreises war, bat mich noch vor meiner Abfahrt, ihm ein weiteres Blatt der »Weißen Rose« zu schicken – ich versprach es, ungern, da wir uns vorgenommen hatten, bei der Verschickung der Flugblätter besonders vorsichtig zu sein, niemals in München Flugblätter für eine andere Stadt aufzugeben. Da es sich aber nur um eines oder zwei handelte, sagte ich zu.

In München konnte ich die Flugblätter nicht ohne Weiteres auftreiben, da wir ja alles vernichtet hatten. Ich bat darum Karin Schüddekopf, die von mir welche bekommen hatte, sie mir wieder zu geben. Anfang Dezember gab sie mir eine »Weiße Rose« in ihrem Zimmer in der Theresienstraße.

Im Winter 1942 / 1943 änderte sich in der Art unseres Zusammenlebens nichts. Willi Graf fuhr auffällig oft übers Wochenende nach Bonn und Frankfurt, Christoph Probst war in Innsbruck, Alex sah ich selten. Im Dezember fragte Hans mich, ob ich nicht einen Vervielfältigungsapparat besorgen könne. Ich fuhr über Weihnachten nach Wien, wo ich einen Onkel hatte, der einen Schreibmaschinen-Vertrieb en gros hat. Mein Onkel vertröstete mich auf das kommende Frühjahr. In engem Freundeskreis erzählte ich bei meiner Tante – ihr verstorbener Mann war Professor in Wien und sie hatte viele Beziehungen zur Universität – von den Flugblättern, die in München verschickt wurden, zeigte einige.

Wieder in München trafen wir uns seltener zu gemeinsamen Abenden. Hans war bemüht, niemals eine größere Anzahl von Freunden bei sich zu haben. Mit Sophie ging ich manchmal Papier und Umschläge einkaufen. So erinnerte ich mich genau an einen Tag im Januar (er war ganz frühlingshaft warm) 1943, als wir durch die Ludwigstraße schlenderten und uns so recht der Sonne und der Wärme freuten. An der Straße stand ein Pferd und Wagen, das Pferd schnob laut in die sonnige Luft hinein. »Ha, Kerle«, sagte Sophie und klopfte ihm lachend den Hals – dann stand sie mit der gleichen Einfachheit, dem gleichen frohen Gesicht im nächsten Schreibwarenladen und verlangte Briefumschläge.

Am Abend, nachdem Stalingrad aufgegeben war, hatten Sophie, Lisl und ich Karten fürs Residenztheater. Die Vorstellung fiel aus. »Zwecks Stalingrad« gab der Portier auf Sophies Fragen zur Antwort – und »zwecks Stalingrad« machten wir dann noch einen kleinen Spaziergang und trennten uns. War es in dieser Nacht, als Hans, Alex und Willi die Universität und die Feldherrnhalle mit den großen weißen Lettern bemalten? Auch die Begegnung mit Hans am nächsten Morgen ist mir unvergeßlich. Ich ging zur Universität und sah Hans von der anderen Seite mir entgegenkommen. Wieder war es sonnig und warm. Nichts, kein Seitenblick, kein

Umherspähen verriet ihn, mit großen Schritten, ein wenig vorn-
über geneigt (er hielt sich schlecht in der letzten Zeit) ging er an den
sich anstoßenden, hindeutelnden Menschen vorbei – nur ein kleines, fast übermütiges Lächeln lag über den sehr wachen Zügen. Als
wir dann in die Universität hineingingen, vorbei an Scharen von
Reinemachefrauen, die mit Eimern und Besen und Bürsten die
Schrift von der Steinmauer abkratzen wollten, da verstärkte sich
dieses Lächeln – und als dann ein aufgeregter Student auf uns zugelaufen kam: Habt ihr schon gesehen? Da lachte Hans laut heraus
und sagte: »Nein, was ist denn?« Und von dem Moment fing ich
an, wahnsinnige Angst um ihn zu haben. War es nicht eine ähnliche
übermütige Geste, ein Überfluß, als sie die Flugblätter wenige Wochen später vom 2. Stock herunterflattern ließen? Und gerade darin
lag so viel von ihnen, Reichtum, Überfluß und unbestimmtes Lächeln im Momente größter äußerer Gefahr.

Zum letzten Mal hab ich Hans und Sophie am 18. Februar gesehen.
Willi Graf und ich hatten 10 Minuten vor Beendigung der Vorlesung von Professor Huber den Vorlesungssaal verlassen, um eini-
germaßen rechtzeitig in die Nervenklinik zu kommen. An der
Glastür kommen Hans und Sophie uns mit einem Koffer entgegen.
Wir haben es eilig, sprechen nicht viel, verabreden uns für den
Nachmittag. In der Straßenbahn wird mir unheimlich: was tun die
zwei 5 Minuten vor Schluß der Vorlesung in der Uni? Willi zuckt
mit den Schultern, ist aber auch unruhig. Zwei qualvolle Stunden
während Bumkes Vorlesung. Sonst schläft Willi regelmäßig ein.
Heute rückt er ruhelos hin und her. Endlich 1 Uhr. Willi geht in die
Kaserne. Ich renne zur Uni, renne, Studenten kommen mir entge-
gen. »Die Türen waren bis 1 Uhr versperrt« – »Flugblätter« –
»Zwei haben sie abgeführt« – und dann treffe ich den französischen
Lektor, aufgelöst, er kennt Hans. »Oui, oui«, sie haben ihn abge-
führt, »et une jeune fille, petite et noire« – er deutet Sophies glatte
Haare an. »Comme une Russe« – er kennt sie nicht.

Und nun renne ich nicht mehr, nun weiß ich ganz klar, was ich zu
tun habe.

Am 5. März wurde ich zum ersten Mal von der Gestapo verhört. Es
war bei der Gestapo lediglich bekannt, daß ich mit Hans befreundet

war und auch andere des Kreises gekannt haben soll. Erschreckt bemerke ich, daß Namen wie Professor Huber, Professor Muth, Theodor Haecker der Gestapo bereits bekannt waren. Man entließ mich mit der nachdrücklichen Bemerkung, zu niemandem zu gehen, dessen Namen ich hier erfahren, um den Betreffenden zu warnen. Trotzdem gelang es mir, Professor Huber zu verständigen. Er wußte aber schon, daß die Gestapo ihn bewachte.

Werner Scholl, der in dieser Zeit von Rußland auf Urlaub gekommen war, kam nach München. Man hatte die übrige Familie in Ulm verhaftet. Werner und ich packten die Sachen, die Hans und Sophie gehörten, in der Franz-Joseph-Straße zusammen und schickten sie nach Ulm. Zwischen Sophies Wäschegarnituren fanden wir noch Rollen mit circa 1000 Adressen aus den Telefonbüchern von Frankfurt, Wien und München, dazu Druckerschwärze und ähnliches. Es gelang uns, die Rollen unbemerkt zu verbrennen, und zwar in der Wohnung der Frau Wertheimer in der Lindwurmstraße. Anschließend fuhr ich mit Werner nach Ulm bis zum Ende seines Urlaubs. Als ich am 14. März nach München zurückkam, war die Gestapo bereits bei meinen Wirtsleuten gewesen und am 15. März morgens um 7 Uhr wurde ich endgültig verhaftet.

[...] Ich konnte nicht länger leugnen, daß ich ein Flugblatt gesehen hätte, blieb aber – trotz dreiwöchigen Verhören, die nur auf diesen einen Punkt ausgerichtet waren – dabei, daß ich das Flugblatt kurz durchgelesen und dann sofort verbrannt habe [...] Ich wurde am 19. April mit Gisela Schertling und Karin Schüddekopf zusammen zu einem Jahr Gefängnis verurteilt. Die Verhandlung selber ist aus dem Protokoll hinreichend bekannt. Sie dauerte von morgens 9 Uhr bis abends nach 11 Uhr mit einer halben Stunde Mittag. Wiederum unvergeßlich die Fahrt zurück vom Justizgebäude nach Stadelheim. Es war wie nach einem Fest. Die meisten waren wochenlang in Einzelhaft gesessen, und trotz der drei Todesurteile erinnere ich mich, daß wir aufgeregt und laut redeten, ja sogar lachten. Professor Huber zeigte Fotos von seinen Kindern. Wir trösteten uns laut mit den 99 Tagen, die jedem zum Tode Verurteilten noch zuständen und während derer der Krieg schon verloren sein konnte. Scheußlich dann das Aussteigen um Mitternacht auf dem Hof in

Stadelheim. Erst die zum Tod Verurteilten, dann die Männer, dann wir. Jeder wußte, daß wir uns lange nicht, wenn überhaupt je wiedersehen würden [...] Herr Grimminger, der mit allen Mitteln wie ein Löwe gekämpft hatte, um von der beantragten Todesstrafe abzukommen, äußerte sich etwas enttäuscht über den ganzen Münchner Kreis. Hans habe es ihm so phantastisch geschildert, als sei bereits eine ganze demokratische neue Regierung auf dem Plan, in der er quasi Minister werden sollte.

Über das eine Jahr Gefängnis ist nichts zu sagen. Öde, gleichförmige Tage, lange Nächte, jedes Klagen verbot sich von selber angesichts des Schicksals der sechs anderen.

Am 21. Mai 1943 wurde von einem Dreierausschuß der Münchner Universität beschlossen, daß ich mit dem Ausschluß vom Studium an allen deutschen Hochschulen bestraft werden müsse. Ich glaub, ich hab nicht mal ein Achselzucken für den »einhelligen« Beschluß gehabt.

Im Juni 1943 kam ich in ein Jugendgefängnis nach Rothenfels am Ammersee.

Am 14. März 1944 sollte ich von dort entlassen werden. Drei Tage vor meiner Entlassung ließ mich die Oberin rufen: Es läge ein Befehl vom Volksgerichtshof vor, ich müsse am 22. März zu einer Verhandlung nach Münster i. Westfalen kommen. Sie hätten angefragt in Berlin, ob ich vorher zu entlassen sei. Wenn keine Antwort bis zum 14. d. M. käme, müsse sie mich laufen lassen.

Es kam keine. Ich wurde entlassen, blieb einige Tage in München, einen Tag in Ulm und fuhr dann nach Hamburg. Am Abend, als ich zu Haus ankam, erzählte meine Mutter mir, daß sie den Hamburger Studentenkreis verhaftet hätten.

Jetzt begann für mich eine qualvolle Zeit. Voller Unruhe. Ich fuhr zurück nach München, weil ich mich dort sicherer glaubte. Kurz darauf hatten meine Eltern erneut Haussuchung. Und wenige Tage später war die Gestapo bei mir. Derselbe Kerl, höhnisch grinsend: »Los, los, packen Sie Ihre Effekten, es geht zurück ins Kittchen.« Drei Wochen in der Ettstraße ohne Verhör, ohne daß sich jemand um mich kümmerte. Eines Tages holt mich wieder so ein unheimlicher Kerl mit grünlich-blauen stechenden Augen. Ob ich nicht lieber jetzt alles gleich sagen wollte, es würde meine Lage erleichtern? Natürlich wollte ich nicht. Ob ich von Technik etwas verstünde? Natürlich meinte er es nur gut mit mir. Wie Hans und Sophie eigentlich waren, so rein menschlich. Zum Schluß sagte er mir, wie ich mich bei einem Kreuzverhör zu verhalten habe.

In der Zelle zurück, wartete ich auf das Kreuzverhör. Niemand kam. Am nächsten Tag kam derselbe Beamte wieder. Brachte mir Brot mit Wurst belegt. Ob ich nicht doch lieber jetzt alles sagen wollte. Und immer wieder fragte er nach Hans und Sophie. War er wirklich menschlich interessiert? Er war nicht dumm, feiner als die andern. Wer er war, sagte er nicht. Zum Schluß: Er gebe viel auf ein menschliches allgemeines Urteil, könne auch helfen, wenn er sicher sei, man lüge ihn nicht an. Einmal in Belgien habe er eine Studentin, die wegen Hochverrat verhaftet war, vernommen. Er habe die Überzeugung gehabt, sie sei unschuldig, habe ihr helfen wollen, dann sei erwiesen worden, daß sie nicht unschuldig war. Da habe er es sich nicht nehmen lassen, bei ihrer Hinrichtung dabei zu sein...

Wenige Tage später wurde ich von drei SS-Männern abgeholt und nach Hamburg gebracht. Es führt zu weit, den Unterschied zwischen der Gestapo in Süd- und Norddeutschland zu beschreiben. Oben hatten sie andere Methoden.

Gleich nach meiner Ankunft in Hamburg, müde und kaputt von den Strapazen der Reise (bes. vom Anhören der idiotischen, prahlerischen Gespräche der SS-Männer) wurde ich zu meinem Vernehmer Reinhard geführt. Noch nicht in der Tür, brüllte er mich an, wann ich das letzte Mal ausländische Sender abgehört hätte (darauf war ich nun gar nicht vorbereitet). Eine halbe Stunde lang warf er mir ununterbrochen Vergehen vor, die ich wirklich nicht begangen hatte. Dazu hatte er eine eigene Methode, einem auf den Augen herumzutrommeln. Ich sagte gar nichts mehr, wurde »verstockt und verlogen« ins Gestapo-Gefängnis Fuhlsbüttel gebracht.

Grauenhafte Monate Mai 1944 bis September 1944. Elend lange Verhöre. Immerhin kristallisierte sich folgendes heraus:

Diese Hamburger Studenten hatten die Flugblätter neu vervielfältigt und verbreitet. Albert Suhr, Medizinstudent, hatte die Vervielfältigung übernommen. Dazu hatten sie Sammlungen für Frau Professor Huber durchgeführt...

Monatelang wurden mir von meinem Sachbearbeiter vage Vermutungen an den Kopf geworfen, die ich in Bausch und Bogen ableugnete... Ich hatte Zeit, mir war es egal, wo ich sitzen mußte...

Ende Oktober 1944 kamen wir zur Justiz. Am 11. November 1944 wurde unsere Sache dem Volksgerichtshof in Berlin übergeben. Gemeinsam mit den anderen Frauen aus der Hamburger Gruppe kam ich nach Cottbus, wo in der Zeit der Volksgerichtshof tagen sollte, da Berlin bereits durch Bomben zerstört war. Im Januar 1945, nachdem das Zuchthaus in Cottbus mehrere Transporte aus Auschwitz aufgefangen hatte, wurden alle Insassen, dem Vormarsch der Russen entsprechend, westlich weitergeschickt, und zwar nach Leipzig.

Wir Hamburger kamen weiter nach Bayreuth, dort sollte der 1. Senat des Volksgerichtshofes in Zukunft angeblich tagen.

Ein für uns nicht wenig aufreibendes Wettrennen zwischen der heranziehenden Amerikan. Armee und dem Termin begann. Von Anfang Februar warteten wir auf eines dieser Ereignisse. Endlich, am 15. April 1945 gewannen die Amerikaner das Rennen. Erst später erfuhren wir, daß die Verhandlung am 17. April angesetzt und auch – nun aber in Hamburg, wo ein Teil der Männer zurückgeblieben war – stattgefunden hat.

Bei dieser Verhandlung wurde Heinz Kucharsky zum Tode verurteilt...

Auf dem Weg zur Hinrichtung, die in Anklam stattfinden sollte, gelang es ihm – angeblich war er mit einem Raubmörder zusammengekettet, der ihn mitschleppte – anläßlich eines Tieffliegerangriffs auf den Zug zu entfliehen. [...]

Bremen, am 21. Februar [1946 (?)]

Lilo Fürst geb. Ramdohr, befreundet mit Alexander
Schmorell. Vermittelte den Kontakt zu Falk Harnack.
Hilfe bei dem Fluchtversuch von
Alexander Schmorell.

Im Münchner Zeichenstudio König lernte ich im Herbst 1941
Alexander Schmorell kennen. Zwischen uns entstand eine Freundschaft. Ganz bewußt setzten wir zu der destruktiven Zeit ein Ge-
gengewicht, indem wir uns mit den großen Werken der Malerei
und Plastik beschäftigten, oder uns Gedichte, bevorzugt Hesse und
Rilke vorlasen. Ich stellte Alex dem Bildhauer Professor Bauer vor,
der ihn als Privatschüler annahm. – Mit Christoph Probst, der uns
im Herbst 1941 öfter beim Zeichnen zusah, verband Alex schon seit
dem letzten Schuljahr im Internat eine Freundschaft. – Strahlte
Christl Ruhe und Gelassenheit aus, so befand sich Alex immer in
einer abwartenden, suchenden Haltung.
Es war Spätherbst, als Dr. Arvid und Mildred Harnack mich auf der
Durchreise in München besuchten. Ich erzählte Alex davon und
von meiner freundschaftlichen Beziehung zur Familie Harnack.
Während eines Schulbesuches in Weimar hatte ich Falk Harnack
kennengelernt. Wir wurden Freunde.
Alex sprach oft über seinen umfangreichen Freundeskreis. Nach
und nach lernte ich Willi Graf, Angelika Probst und Hans und Sophie Scholl kennen. – Großes Lob erntete Alex, als er Hans Scholl
seine Kohlezeichnungen in meiner Wohnung zeigte. Daraufhin besuchte uns Hans (Frühjahr 1942) öfter, um uns beim Zeichnen zu-
zusehen. Die gewisse Nuance von Nonchalance, die das Wesen von
Alex so charmant umgab, fehlte bei Hans vollständig. Seine Ernst-
haftigkeit beeindruckte mich sehr.

Alex machte im Januar 1942 Andeutungen, die ich meistens nur mit
halbem Ohr wahrgenommen hatte. Man müsse aus dem passiven
Widerstand zu aktivem Handeln übergehen. An die erste Mitteilung der Geburtsstunde der »Weißen Rose« erinnere ich mich deutlich. Als der Name Professor Huber fiel, hatte ich den Eindruck,
daß dessen Autorität viel dazu beitrug, den Initiatoren Hans Scholl

und Alexander Schmorell eine Bestätigung für die Richtigkeit ihrer Aktivität zu geben. Ich war für Alex, der vier Jahre jünger war als ich, wie eine ältere Schwester. Er erzählte mir alles, was ihn bewegte. Auch jetzt drängte er nach meiner Stellungnahme.

»Alex, du weißt doch, mit welchen Konsequenzen du in Zukunft rechnen mußt«, sagte ich. Er machte einen bedrückten Eindruck und erwiderte, »es gibt nun aber kein Zurück mehr. Zwar könnte ich sagen, daß das alles Sache der Deutschen sei, aber ich lasse Hans nicht im Stich. Er ist mein Freund.« Trotz seines deutschen Vaters fühlte sich Alex mehr auf der Seite seiner russischen Mutter. – Er war aber ein ebenso starker Gegner des Bolschewismus wie des Nationalsozialismus. – Niemals hatte ich den Eindruck, daß seine Hauptinteressen in der Politik lägen. Vielmehr lagen sie in der Liebe zu allem, was echt und schön ist, und in der Realisierung dieser Liebe in der Welt! Seine hohe Freundschaftsmoral bestimmte jetzt seinen Weg. – Mit einem Schlag hatte eine gefährliche Zugluft alles um uns herum verändert.

Im Hause von Professor Adam, Prinzenstraße, wo ich wohnte, hatte ich Alex als meinen Cousin vorgestellt. Darum fand niemand etwas dabei, daß er einen eigenen Haus- und Wohnungsschlüssel zu meiner Wohnung besaß. Im Keller hatte ich einen Besenschrank stehen. Hierhin brachte er nach einem schweren Luftangriff den Inhalt seines beladenen Rucksackes mit der Bitte, ich solle mich nicht drum kümmern. Er hatte sich zu Fuß durch München bis nach Nymphenburg damit abgeschleppt, aber er strahlte übers ganze Gesicht.

Im Frühjahr 1942 verbrachten wir unsere Freizeit häufig im Tierpark, um Tiere zu zeichnen. Anschließend war ich manchmal im Hause Schmorell zum Essen eingeladen und lernte auch die russische Kinderfrau von Alex kennen.

Viele Briefe erhielt ich in dieser Zeit von Falk Harnack, der sich fast immer in einem leidenden Zustand befand. Im ersten Halbjahr 1942 besuchte ich ihn zweimal in Chemnitz.

Ich glaube, es war Mitte Mai 1942, als Alex ein verschlossenes Paket in meiner Wohnung unterstellte, das er nach zwei Tagen wieder

abholte. Auch brachte er verschlossene Kartons in meinem Besenschrank unter. Es muß wohl in dieser Zeit gewesen sein, daß mich
Alex um Geld bat, weil er seinen Vater nicht darum bitten wollte.

Im Juli 1942 wurden die Freunde plötzlich zur Ostfront einberufen.
Am Vortag der Abreise kam Alex noch schnell, um sich zu verabschieden. Er trug wieder Uniform. Bei Professor Huber, sagte er,
sei am Abend eine Abschiedsfeier. Alle würden kommen. Der Entschluß, alles zu versuchen, um das Regime Hitlers zu stürzen, sei
das Ziel, wenn sie alle wieder in München wären! »Ich werde Rußland wiedersehen«, sagte er mit leuchtenden Augen.

Nun besuchte ich sofort Falk Harnack in Chemnitz. Er sah schmal
aus, fast krank und grau im Gesicht. Sein Bruder Arvid Harnack
und seine Schwägerin Mildred seien in Berlin verhaftet worden,
war das erste, was er zu mir sagte. Nun hatte ich das vor Augen,
was ich für die Freunde in München befürchten mußte. Als mich
Falk am Abend zum Bahnhof brachte, sagte ich: »Es ist alles so
schlimm, wie soll Muhmi mit dieser schrecklichen Ungewißheit
um Arvid und Mildred fertig werden?« – »Weißt du, Falk«, sagte
ich weiter, »ich kenne da in München Studenten, die eine geheime
Post, ›Die Weiße Rose‹ nennen sie es, in verschiedenen Städten verteilt haben. Jetzt sind sie in Rußland.« – »Irrst du dich da nicht?«
bemerkte Falk ungläubig, aber aufhorchend.

Kurz vor der Abfahrt meines Zuges überreichte mir Falk auf dem
Chemnitzer Bahnhof ein kleines Schächtelchen mit den Worten:
»Gib gut Obacht, verlier es nicht. Es soll zur Verlobung sein.« Das
Schächtelchen enthielt einen Siegelring mit dem Wappen der Fami-
lie Harnack. Die Aushändigung dieses Ringes geschah auf Grund
einer Absprache zwischen Falk Harnack und seinem Bruder
Dr. Arvid Harnack, der sich zu dieser Zeit in Berlin in Untersu-
chungshaft befand.

Bald erreichte mich der erste Brief von Alex aus Rußland vom
7.8.1942 aus Gshatsk, nicht weit von Moskau. Ein fast lyrischer
Brief, in dem er die russische Landschaft mit ihren weißen Birken
besingt. In einem anderen Brief schreibt er, daß er nachts mit Hans
Scholl heimlich die Schädel gefallener Russen begraben habe, damit
ihre Seelen Ruhe fänden.

Im November, nach ihrer Rückkehr aus Rußland, besuchten mich Alex, Hans und Christl in meiner Wohnung. Ein Brief von Falk Harnack lag auf meinem Tisch. Ich bereitete Tee in der Küche. Als ich wieder ins Zimmer kam, gestand mir Hans Scholl, er habe versehentlich den Absender des Briefes gelesen, der da auf dem Tisch lag. Ich solle verzeihen. Ob es sich hier um einen Verwandten von Dr. Arvid Harnack handele? »Das ist der Bruder von Arvid Harnack«, erklärte ich ihm. »Er ist so verzweifelt wegen der Verhaftung von Arvid und dessen Frau Mildred.« Hans Scholl sah mich ernst an. »Ich habe davon gehört«, sagte er leise, »aber ich wußte nicht, daß er einen Bruder hat.« »Ich soll Falk wieder besuchen, aber wegen meiner Schule geht das jetzt nicht«, sagte ich. Spontan fragte mich Hans, ob er für mich meinen Freund Falk in Chemnitz besuchen könne; und weiter: »Du würdest doch mitkommen, Alex?« – Ohne Zögern erklärte sich Alex bereit.

Durch diese Reise, von der Alex begeistert berichtete, waren neue Impulse geschaffen worden. Ohne Zweifel löste sich Alex aus der Distanz, alle letzten Skrupel hinter sich lassend, zur vollen Bejahung der Aktion! – Hans Scholl zeigte auch jetzt wieder die Besonnenheit seiner Verantwortung, und neigte mehr dazu, die neuen Anregungen aus Chemnitz eingehend zu überprüfen. »So weit darf das nicht gehen, daß wir unser Leben riskieren«, hörte ich ihn sagen.

Seit November 1942 deponierte ich wieder Kartons mit Papier und Flugblättern. Alex vermied es ja, darüber viel zu sagen. – Falk kündigte seinen Besuch in München mit noch unbestimmtem Termin an. Darum legte ich seine Briefe, die den geplanten Besuch rechtfertigen könnten, in die oberste Schublade eines Schrankes. Im Ernstfall könnte er sagen, daß er seine Verlobte besucht habe. – Einem Telegramm von Falk folgend, fuhr ich Ende Dezember 1942 nach Neckargemünd, um bei Falk und seiner Mutter zu sein. Am 22.12.42 war Arvid Harnack in Berlin-Plötzensee hingerichtet worden. Am 16.2.43 ging seine Frau Mildred Harnack denselben schweren Gang.

Im Januar 1943 sah ich Alex nur bei Kurzbesuchen. Als er von den Maueranschriften sprach, huschte wieder das bekannte Lächeln über sein Gesicht, und ich wußte dann, daß es den alten Alex noch gab. Falk kam Anfang Februar nach München. Am zweiten Tage seines Besuches bat er mich, ihn in das Hinterhaus in der Franz-Joseph-Straße, wo Hans und Sophie Scholl wohnten, zu begleiten. Wir traten in das wegen der trüben Witterung dunkle Zimmer ein, das von einem großen Tisch beherrscht war. – Hans Scholl, Alexander Schmorell, Willi Graf und Sophie Scholl, die ein Schriftstück in der Hand hielt, begrüßten mich und gaben mir alle die Hand. Ihre Gesichter waren von dem Ernst des Risikos geprägt, in dem sie alle standen. Auf Falks Bitte verließ ich bald das Haus. Er wollte mich später mit Alex zusammen wieder treffen.

Falk hatte auf dem Weg zu dieser Zusammenkunft angedeutet, daß sich die Aktionen verschärfen würden.
Etwa am 10.2.43 kam Alex atemlos zur Tür herein. »Es wird sich in den nächsten Tagen etwas ereignen.« In der Universität sollten Flugblätter abgeworfen werden. »Christl Probst will mit Hans Scholl die Verteilung der Blätter allein vornehmen. Hans hat das entschieden abgelehnt. Hans hat auch mich gefragt, aber ich habe mir Bedenkzeit erbeten. Sophie besteht nun darauf, ihren Bruder zu begleiten, um mit ihm allein in die Uni zu gehen.« Alex hatte sich angeboten, vor der Universität die Straße zu beobachten. – Ich bewunderte den Mut von Sophie, die auf mich einen so mädchenhaften, sensiblen Eindruck machte. Zweifellos stellte sie sich vor Christoph Probst mit dem Einsatz ihres Lebens. – Wieder sprach Alex über das entsetzliche Massensterben in Stalingrad. Für eine schlechte Sache mußten 300 000 Soldaten ihr Leben hergeben.
Am 11.2. verbrannte Alex seine Uniform im Heizungsofen im Keller meiner Hauswirtin. Die Hausgehilfin Maria, die am kommenden Tage Uniformreste in der Asche vorfand, wollte durch ihren Bruder (SA-Mann) Anzeige erstatten lassen. Nur mit Mühe gelang es Frau Adam, sie umzustimmen. – Alex sprach von Fluchtplänen, die mir unmöglich erschienen. Man könne sich außen an der Lok in Richtung Schweiz verstecken. Er erwähnte auch das Kriegsgefan-

genenlager für russische Soldaten, zu dem ihn seine ukrainische Bekannte zu bringen versprochen habe. Sie würde ihn am 18.2.43 in München abholen. Alex schien mit einem schlechten Ausgang des 18.2. zu rechnen. Ich wußte nun, daß er im Begriff war, seine Zelte in München endgültig abzubrechen – so oder so!

Auf die Bitte von Alex war ich am 18.2.43 zuhause geblieben. Gegen Mittag raste er die Treppe herauf und sagte: »Die Gestapo hat Hans und Sophie vor der Universität abgeführt. Ich habe es gesehen!« – Kurz vorher habe er beide, wie vereinbart, am Siegestor getroffen. »Ich bin da kaum mehr durchgekommen. Nach Hause kann ich nicht mehr. Das Haus meiner Eltern ist umstellt.«

Er hatte das durch einen Zwischenkontakt mit seinem Vater, von einem Studenten, erfahren, der als Patient in die Sprechstunde von Dr. Schmorell gegangen war, wegen angeblicher Knieschmerzen. Ihm habe aber nichts gefehlt. – Bei diesen Worten huschte das alte Lächeln über sein Gesicht. – »Die Gestapo arbeitet schnell«, bemerkte er. Alex bat mich, bei seinen Eltern anzurufen. Ich versuchte, im Atelier des über mir wohnenden Kunstbuchbinders Roters, Verbindung mit den Angehörigen von Alex in deren Wohnung zu bekommen. Eine fremde Stimme meldete sich. Ich hängte sofort den Hörer ab. – Wegen einer Paßänderung für Alex mußte ich Frau Roters einweihen. Ich bat sie um ihre Mithilfe. Sie willigte sofort ein.

Alex bat mich nun, mit ihm zum Rotkreuzplatz zu gehen. Vor einem kleinen Tabakladen sollte ich auf ihn warten. Ich sollte aber in das Schaufenster sehen. Alles ging sehr schnell. Er gab mir den Paß, den er gerade von einem Jugoslawen erhalten hatte, und wir gingen schnell in meine Wohnung zurück. Das war am 18.2. gegen 14 Uhr. Dort gab er mir ein Paßphoto von sich. Alex blieb in meiner Wohnung. – Ich ging allein zu Frau Roters, die selbst auch Buchbinderin war. – Ihr Mann war im Kriegseinsatz. Wir änderten gemeinsam den Paß. Das alte Photo des Jugoslawen mußte vorsichtig abgelöst und mit dem Paßbild von Alex ersetzt werden. Frau Roters ergänzte den Stempel mit ganz wenig Druckfarbe. Ich mußte ihr versprechen, daß ich im Falle einer Entdeckung alles allein auf mich nehmen würde, womit ich Miele Roters, die zwei kleine Kinder hatte, beruhigen konnte. – Mit diesem Paß war die Voraussetzung der Flucht geschaffen, die Alex mit Willi Graf vereinbart hatte. Frau Roters lieh Alex Rasierzeug, und ich gab ihm einen Pullover und Schal. Am 19.2. zwischen 10 und 11 Uhr morgens wollte er Willi Graf am Starnberger Bahnhof treffen. – Ich wartete in einiger Entfernung vor dem Bahnhof. Alex kam sehr schnell zu mir zurück. Willi sei nicht da. Die Gestapo führe Paßkontrollen durch. Jeder Passant würde kontrolliert. – Wir gingen zurück zur Prinzenstraße. War es an diesem Tage, daß mir Miele Roters von Fahndungsplakaten berichtete? – Die Tatsache, daß der Fluchtplan mit Hilfe der Ukrainerin gescheitert war, weil sie den Zug nach München versäumt hatte, verunsicherte Alex am meisten.

Ob er mit ihr nochmal einen neuen Termin vereinbart hatte, ist mir unbekannt. – Am 20.2.43 gegen 22 Uhr, es war keine dunkle Nacht, brachte ich Alex ein Stück des Weges. Er wollte Willi Graf suchen. Gegen 24 Uhr kam er erschöpft zurück. »Man kommt da nicht durch«, sagte er. In dieser Nacht war Fliegeralarm. Ich mußte Alex allein in der Wohnung lassen und ging in den Luftschutzkeller. Nach der Entwarnung tranken wir Tee. Gegen 2 Uhr nachts war seine Geduld am Ende. Es müsse jetzt etwas geschehen. Wenn er Willi Graf nicht fände, wollte er allein fliehen. Wir rechneten jede Minute mit der Gestapo, waren jede Minute dankbar, daß sie nicht erschien. Seit dem 18.2. hatte ich nichts mehr einkaufen können. So war es nur wenig Proviant, den ich Alex mit auf den Weg geben konnte. –

Der Himmel war klar und es dämmerte schon. Dann kam der letzte Abschied. »Wenn ich es schaffen sollte durchzukommen, dann wird sich mein Leben sehr ändern; wenn nicht, dann werde ich mich auf das Sterben freuen, weil ich ja weiß, daß es kein Ende gibt.« Wir gaben uns fest die Hände und Alex sagte nur: »Du bist mein bester Freund.«

Miele Roters, die mich auf die Fahndungsplakate aufmerksam gemacht hatte, brachte mir nun auch die Zeitungsausschnitte mit dem Steckbrief. Auch Professor Bauer gab sie mir. – Einige Tage später kam er mit der entsetzlichen Nachricht zu mir, daß Alex verhaftet sei. Ich erinnere mich deutlich, daß er, im Gegensatz zu anderen Behauptungen, sagte, Alex sei in einem Luftschutzkeller, in der Nähe des Hauptbahnhofes, von zwei Flak-Soldaten erkannt und aufgegriffen worden. – Ich beschloß sofort, Falk zu warnen, und schickte ihm ein Telegramm mit dem Wortlaut: »Freunde an der Front gefallen.« – Von Falk erhielt ich einen Brief, datiert vom 25.2.43, mit einem Heiratsantrag. Zwischen dem 29.2.–2.3.43 wurde ich von zwei Gestapobeamten in meiner Wohnung aufgesucht. Sie fanden den entlastenden Brief von Falk aus Chemnitz, den sie in ihrer Aktenmappe verschwinden ließen. Der eine der Männer verschloß die Fenster und sagte beiläufig, es könne länger dauern, bis ich wieder nach Hause käme, wenn überhaupt. Ich wurde ins Wittelsbacher Palais eingeliefert. Pausenlose Verhöre überfielen mich am Einlieferungstag. Das Hauptinteresse der Gestapo galt, auch in späteren Verhören, meiner Beziehung zur Familie Harnack. Über Alex und die anderen Freunde wurde ich wenig befragt. – Die Gestapo wußte demnach also nichts über die wirkliche Freundschaft zu Alex. Es muß am 8. März gewesen sein, als ein bedeutend schärferes Verhör in meiner Zelle stattfand. Ich sei die Verbindungsperson zwischen Scholl und Harnack. »Eine schwere Belastung für Sie«, bemerkte der eine Sachbearbeiter. Ich müßte mit dem Schlimmsten rechnen. – Ende März oder Anfang April war wieder ein Verhör. Ein Vordruck wurde mir zur Unterschrift vorgelegt mit dem Wortlaut: »Ich versichere hiermit, daß ich nichts von dem, was ich hier gehört und gesehen habe, nach draußen verlauten lassen werde. Falls ich mich nicht an dieses Verbot halte, sieht sich die Geheime Staatspolizei gezwungen, mich erneut festzunehmen.« – Ich unterschrieb den Wisch, erhielt meine Sachen, sogar den Brief von Falk aus dem Depot zurück, und war frei. In einem Brief übermittelte mir Falk Harnack den letzten Gruß von Alexander Schmorell vom 19. April 1943 aus dem Strafgefängnis München-Stadelheim. Er lautete: »Grüß Lilo recht herzlich von mir, ich habe viel an sie gedacht.« – Weiter schreibt Falk Harnack: »Das versprach ich ihm, auch daß wir ihn nie vergessen werden!«

Dr. Falk Harnack, jüngster Bruder von Arvid Harnack,
der am 22.12.1942, ebenso wie später seine
Frau Mildred Harnack und Harro Schulze-Boysen
in Berlin-Plötzensee hingerichtet wurde

Das erste Zusammentreffen

Hans Scholl und Alexander Schmorell, die Initiatoren des studentischen Widerstandes an der Münchener Universität, hatten im
Herbst 1942 von der Verhaftung der Widerstandsorganisation Harnack / Schulze-Boysen (von dem Reichssicherheitshauptamt der SS
als »Rote Kapelle« bezeichnet) gehört. Durch diesen Umstand und
durch meine frühere illegale Tätigkeit in München (erste Flugblatt-
aktion gegen den NS-Studentenbund Mai 1934 von Gunter Groll,
Falk Harnack, Georg Philipp, Lambert Schomerus – alle stud.phil.)
waren sie auf mich aufmerksam geworden. Den Kontakt hatte die
Münchener Malerin Lilo Ramdohr, die mit Alexander Schmorell
und mir eng befreundet war, hergestellt. So suchten mich Hans
Scholl und Alexander Schmorell Anfang November in Chemnitz,
wo ich als Soldat stand, auf. In einem kleinen Hotel »Sächsischer
Hof«, in dem auch mein Bruder, Dr. Arvid Harnack und seine Frau
Dr. Mildred Harnack bei ihren Besuchen Quartier nahmen, brachte
ich sie unter. Gegen 14 Uhr (es war ein Sonnabend) fand die erste
grundlegende Besprechung statt. Entgegen der üblichen illegalen
Gepflogenheiten sprachen wir sofort sehr offen, da wir gegenseitig
wußten, wen wir vor uns hatten. Sie legten mir ihre bisher veröf-
fentlichten Flugblätter als Diskussionsbasis vor. Ausführlich besprachen wir die beiden Formen der Flugblätter, die philosophisch
ausgeschmückten der »Weißen Rose« und die realistischen, politisch klaren, die nun entwickelt wurden. Ich unterstützte die letzte
Form. Beide begrüßten diese Zustimmung.

Alexander Schmorell, ein großer, schöner und phantasiebegabter
Jüngling, gebürtiger Deutsch-Russe, gab in großen Zügen Bericht
über die bisherige Tätigkeit der Münchener Studentengruppe;
insbesondere referierte er über die verschiedenen Flugblattaktionen. Scholl, ein dunkler Süddeutscher, energiegeladener Typus,
führte das Gespräch auf prinzipielle politische Fragen. Vor allem

wünschte er Verbindung zu einer zentralen Stelle der Widerstandsbewegung in Berlin, um die studentische Widerstandsorganisation
auf eine breitere Basis stellen zu können. Sein Ziel war, an allen
deutschen Universitäten illegale studentische Zellen zu errichten,
die schlagartig übereinstimmende Flugblattaktionen durchführen
sollten. Ich konnte die Zusicherung geben, die Verbindung mit
Berlin herzustellen, war doch das Grundprinzip dieser Tage, eine
breite antifaschistische Front aufzubauen, ausgehend vom linken
(kommunistischen) Flügel über die liberale Gruppe bis zur konservativen militärischen Opposition. Beide waren damit einverstanden, daß ich für sie in Berlin die Vorverhandlungen führen sollte.
Die politisch grundsätzliche Aussprache ergab, daß Scholl und
Schmorell ihre bisherige illegale Tätigkeit aus einer gefühlsmäßig
anständigen und idealistischen Haltung heraus durchgeführt hatten, sie aber nunmehr praktische politische Beratung suchten. Kam
Scholl mehr von der katholisch-philosophischen Richtung (Einfluß
von Carl Muth und Theodor Haecker), so waren bei Schmorell
starke sozialistische Tendenzen vorhanden. Beide aber hegten eine
starke Sympathie für Land und Menschen des Ostens (Polen und
UdSSR), die sie bei ihren Fronteinsätzen kennengelernt hatten.
Und so waren beide auch der festen Überzeugung, daß eine Verständigung Deutschlands mit der Sowjetunion notwendig und für
die Zukunft Deutschlands von entscheidender Bedeutung sei. Ferner erklärte Hans Scholl, ein glühender jugendlicher Politiker, daß
er beabsichtige, sein Medizinstudium aufzugeben, um sich aus-
schließlich der Politik widmen zu können.

Die Münchener Konferenz
Ende 1942 war ich mehrfach in Berlin, um meinem Bruder, meiner
Schwägerin und den verhafteten Freunden, die im Reichssicher-
heitshauptamt der SS gefangen saßen, beizustehen. Anläßlich eines
Besuches im Reichssicherheitshauptamt der SS durfte ich meinen
Bruder sehen, der mir in versteckter Form den Auftrag gab, so-
gleich mit der Widerstandsgruppe, die heute »Der 20. Juli« heißt, in
Verbindung zu treten. Gleichen Tages noch suchte ich meine Vet-
tern Pfarrer Dietrich Bonhoeffer, einen der führenden Köpfe der

Bekennenden Kirche, und Rechtsanwalt Klaus Bonhoeffer, Syndikus der Deutschen Lufthansa, auf, sprach mit ihnen über die Rettungsaktion für die Widerstandsorganisation Harnack / Schulze-Boysen, über die Münchener Studentengruppe und entscheidend über einen Zusammenschluß aller deutscher Widerstandsorganisationen. Die Brüder Bonhoeffer, selbst der liberalen Widerstandsorganisation angehörend, führten aus, daß die Organisation Harnack / Schulze-Boysen unter allen Umständen gerettet werden müsse und daß ihre Organisation alle Mittel dafür einsetzen werde. Gleichzeitig begrüßten sie es auf das wärmste, wenn ich einen Kontakt mit den Münchener Studenten herstellen würde. – (Auch glaubten sie mir die Versicherung geben zu können, daß die oppositionellen Militärs in der deutschen Wehrmacht in Kürze aktiv werden würden.)

In tragischer Weise griff die Entscheidung Hitlers diesem Beschluß vor, als am 22. Dezember 1942 die ersten elf führenden Kämpfer der Widerstandsorganisation Harnack / Schulze-Boysen (darunter auch mein Bruder) in Berlin-Plötzensee durch den Strang hingerichtet wurden.

Trotz dieser furchtbaren Erschütterung – oder gerade deshalb – aktivierte sich die Tätigkeit der deutschen Widerstandsbewegung in den folgenden Monaten ganz besonders.

Am 8. Februar 1943 suchte ich Alex (Schmorell) in München, in der Franz-Joseph-Straße (Gartenhaus), Wohnung von Hans und Sophie Scholl, auf. Er sprach mit großem Freimut über die illegale Tätigkeit. Sein Gesicht leuchtete, als er von dem großen Erfolg der Flugblattaktionen und von der Wirkung der Freiheits-Parolen, die sie an die Münchener Universität und an andere Gebäude geschrieben hatten, berichtete. [ ... ]

Hans Scholl, der nach einer halben Stunde dazu kam, äußerte, er sei der festen Überzeugung, daß diese Aktionen die Widerstandskraft gegen die Nazidiktatur mobilisierten. Man müsse ein Fanal entzünden, dann würden sich alle Widerstandskräfte, die frei und unausgerichtet im deutschen Volk vorhanden seien, automatisch zusammenschließen und aktiv werden. Ich wandte dagegen ein, daß es für die illegale Arbeit dringend notwendig sei, eine absolut zuverlässige, weitverzweigte und gutgesicherte Organisation aufzubauen; denn nur wenn tatsächlich breite Teile der Bevölkerung sich an dem illegalen Kampf beteiligten, könnte er erfolgreich sein.

Am nächsten Tag um 17 Uhr begann die Konferenz. Teilnehmer waren: Prof. Huber, Alexander Schmorell, Hans Scholl, Willi Graf, die Freundin von Hans Scholl und ich.

Kurz berichtete ich von dem Einverständnis Berlins zur Herstellung einer überparteilichen-antifaschistischen Front. Notwendig aber war trotzdem eine Koordinierung der politischen Zielsetzung, wenn auch im weitesten Rahmen. Vor allem wurden Fragen über ein zukünftiges Deutschland diskutiert. Übereinstimmend war man der Meinung, daß eine strenge Verfolgung und Bestrafung aller Naziaktivisten stattfinden müsse, daß das Wahlrecht allen Pg's – soweit sie nicht getarnte Widerstandskämpfer waren – abzusprechen sei und daß drittens höchstens drei Parteien zugelassen werden (eine marxistische, eine liberale und eine christliche Partei). Ebenfalls bestand in der Diskussion Einmütigkeit über die zukünftige Struktur des Deutschen Reiches. Alle traten für die Zentralgewalt ein, allerdings mit Ausnahme von Prof. Huber, der als leuchtendes Beispiel den Schweizer Liberal-Föderalismus anführte. In ökonomischer Hinsicht erblickte man die einzige Rettung Deutschlands vor einer Wirtschaftskatastrophe in der Planwirtschaft. Scholl und Huber opponierten gegen die sozialistische Planwirtschaft, und zwar Scholl nur in Bezug auf die Agrarwirtschaft, während Prof. Huber prinzipiell jegliche Planwirtschaft ablehnte und dafür das englische liberale Wirtschaftssystem für einzig möglich hielt.

Die außenpolitischen Fragen, die auf der Konferenz besprochen wurden, behandelten heikle Probleme. War die konservative Widerstandsbewegung nahezu rein westlich orientiert (mit Ausnahme der Linie: Trott zu Solz, Haushofer, Reichwein, Stauffenberg u.a.) und hatte daher auch ständigen Kontakt und Verbindung zu London, so war die Widerstandsbewegung Harnack / Schulze-Boyen, da selbst sozialistisch, an einer Freundschaft mit der Sowjetunion – unter völliger Wahrung der deutschen Souveränität – grundlegend interessiert. War bis zu diesem Diskussionspunkt eine Verständigung möglich gewesen, so erklärte nunmehr Prof. Huber, daß er eine Freundschaft mit der Sowjetunion ablehne und nur den liberalen Individualismus als die gemäße Lebensform für Deutschland anerkennen könne. Hier griffen Scholl und Schmorell ein. Insbesondere Schmorell führte aus, daß es politisch absolut kurzsichtig sei, sich nur auf den Westen festzulegen. Obwohl er nicht Kommunist sei, glaube er aber, daß die Sowjetunion eine neue Gesellschafts- und Wirtschaftsform gefunden habe, die unzweifelhaft die stärksten politischen Kräfte in der Zukunft stellen werde. Man kann sagen, daß die junge Generation bereit war, sich mit der Frage des Verhältnisses zur Sowjetunion und zum Sozialismus positiv auseinanderzusetzen, obwohl sie aus dem christlichen Lager kam, daß hingegen die ältere Generation immer wieder den Wunsch hat, zur liberalen Form zurückzukehren.

Im zweiten Teil der Konferenz wurde die Frage der aktiven Kleinarbeit gegen den Nationalsozialismus behandelt. Es wurde beschlossen, sich über alles Trennende hinweg einzig und allein dem gemeinsamen Kampf gegen Hitler und sein System zu widmen.

Drei Thesen waren zu propagieren:

1. Der Krieg ist für Deutschland verloren.

2. Hitler und seine Clique setzen den Krieg nur für ihre persönliche Sicherheit fort und sind dafür bereit, das deutsche Volk zu opfern.

3. Alle oppositionellen Kräfte sind zu mobilisieren, um den Krieg so schnell wie möglich zu beenden.

Nach der Konferenz fand noch eine kurze Besprechung zwischen Scholl, Schmorell und mir statt. Scholl berichtete, daß er in Kürze eine neuerliche Aktion an der Universität vorhabe und dann gleich nach Berlin zu kommen beabsichtige, um mit der Berliner Organisation persönlichen Kontakt aufzunehmen. Wir verabredeten uns für den 25. Februar 1943 18 Uhr an der Gedächtniskirche, Ersatzzeit 19 Uhr.

Wenige Tage später verließ ich München und fuhr über Heidelberg nach Berlin. Am 25. Februar war ich um 16 Uhr bei den Brüdern Bonhoeffer, übermittelte ihnen den Münchner Beschluß und legte mit ihnen fest, daß ich noch an diesem Abend mit Scholl zu ihnen kommen würde.

Um 18 Uhr stand ich an der Gedächtniskirche und wartete vergeblich auf Scholl. Um 19 Uhr war ich wieder da, wieder vergeblich. Heute weiß ich, daß zu diesem Zeitpunkt Hans Scholl bereits hingerichtet war.

## Die Voruntersuchung gegen Alexander Schmorell und zehn andere

Am 27. Februar zu meiner Kompanie nach Chemnitz zurückgekehrt, fand ich ein Telegramm von Lilo vor mit dem Inhalt: »Freunde an der Front gefallen.« – Die folgenden Tage stellten eine starke innere Belastung dar, da auch meine Schwägerin, Frau Dr. Mildred Harnack, am 16. Februar als Widerstandskämpferin in Berlin-Plötzensee hingerichtet worden war.

Eine Zeit nervösen Wartens folgte.

Sonnabend, den 6. März, mittags gegen 14 Uhr, wurde ich zum Kompaniechef gerufen. Erst als zwei Wachtmeister der Kompanie mit entsicherter Pistole den Raum betreten hatten, erklärte er: »Auf Befehl des Oberkommandos des Heeres sind Sie vorläufig festgenommen. Weshalb, das werden Sie besser wissen als ich. Bei Fluchtversuch wird sofort scharf geschossen. Sie haben keinem Menschen eine Mitteilung hiervon zu machen.« Am selben Abend wurde ich unter Bewachung zum D-Zug nach München gebracht und am nächsten Morgen in die Gestapo-Leitstelle, Brienner Straße (Wittelsbacher Palais) eingeliefert. Sofort begann das erste Verhör. Die Raffinesse des Verhörs bestand darin, mir keine genauen Vorhalte zu machen, sondern mich im Ungewissen zu lassen. Die Situation war deshalb mehr als heikel, weil ich mich helfend für die Widerstandsorganisation Harnack / Schulze-Boysen, gegen die in Berlin ein blutiges Urteil nach dem anderen gefällt wurde, eingeschaltet hatte und ich außerdem mit der Organisation, die heute »Der 20. Juli« heißt, in Verbindung stand. Tagelang setzten sich die endlosen Verhöre fort, Kreuzverhöre durch mehrere Gestapobeamte gleichzeitig.

Während der ganzen Zeit (Gestapohaft) kam ich niemals ins Freie, Tag und Nacht mußte ich in der Zelle verbringen, die von scharfem, hellen elektrischen Licht beleuchtet war. Auch während der

Bombenangriffe auf München blieb ich in meiner Zelle eingeschlossen.

Einmal sah ich Alexander Schmorell. Er kam mir, als ich zu einer
Vernehmung abgeholt wurde, entgegen (Zellenbau). Noch heute
sehe ich seine große schöne Gestalt, hochrot im Gesicht, mit glühenden Augen. Wir grüßten uns stumm.

Erst während der Haft erhielt ich Gewißheit von der Ermordung
der ersten drei Münchener Widerstandskämpfer.

Nach Wochen – als die Vernehmungen beendet waren – wurden
wir auf die einzelnen Untersuchungsgefängnisse Münchens verteilt. So kamen Schmorell, Prof. Huber und viele andere in das Gefängnis am Neudeck. Willi Graf und ich kamen, natürlich streng
getrennt, in das Untersuchungsgefängnis Cornelius. Damit war
der Fall von der Gestapo der Justiz überstellt; die Maschinerie des
Volksgerichtshofes lief an. Qualvolle Tage und Nächte folgten,
qualvoll wegen der Ungewißheit, wann der Prozeß verhandelt und
wie er ausgehen würde.

Damals waren in dem Gefängnis zu 80% Politische aller Richtun-
gen. Es hatte sich eine feste Gemeinschaft gebildet. Eine Erkenntnis
war Gemeingut geworden: Es ist gleichgültig, wie hoch die Haft-
strafe ist, ob ein Monat oder zehn Jahre. Es kommt darauf an, den
Kopf zu behalten, denn lange kann der wahnsinnige Krieg nicht
mehr dauern.

Da die Sache vor den Volksgerichtshof kam, wo kein Strafgesetz-
buch Gültigkeit hatte, sondern nur die Willkür entschied, bereitete
sich jeder von uns auf die Todesstrafe vor. Langsam überwand man
die Furcht vor dem Tode. Nur ein Gefühl quälte jeden von uns:
nicht genug gegen das verbrecherische System getan zu haben.
Man hatte das Gefühl, man gibt sein Leben zu billig her.

Inzwischen aber lief die Justizmaschine auf Hochtouren. Nur Prof.
Huber und Alexander Schmorell erhielten Wahlverteidiger, während uns anderen Pflichtverteidiger zugeteilt wurden. (Mein Wahlverteidiger, der mir von meiner Mutter und Geheimrat Prof. Ar-
nold Sommerfeld gestellt wurde – Herr Dr. Alexander Bayer,
München – wurde von Freisler ohne Begründung abgelehnt).
Deutlich erinnere ich mich an das einzige und erste Gespräch mit

dem Pflichtverteidiger, Rechtsanwalt Klein, München, Ludwigstraße 17, der mir u.a. auf meine Frage, wie man sich vor dem
Volksgerichtshof verhalten solle, sagte: »Das ist völlig unwesent-
lich. Nennen Sie mir einflußreiche Persönlichkeiten für ein Gnadengesuch.«
Am 16. April 1943 traf die Anklageschrift ein, die auf Hochverrat,
Landesverrat, Zersetzung der Wehrkraft, Aufbau illegaler Organisationen etc. lautete.

Der Prozeß gegen Schmorell und zehn andere
Am 19. April 1943, morgens um 5 Uhr, wurde ich geweckt, rasiert
und kam in die sog. Empfangszelle. Wenige Minuten später kam
Willi Graf hinzu. Wir beide wurden in den Gefängnishof geführt.
Dort stand ein grüner Gefängniswagen. Die Tür öffnete sich und
wir erblickten Prof. Huber, Alexander Schmorell und die anderen
Angeklagten, darunter die Geschwister Hans und Susanne Hirzel,
Eugen Grimminger, Heinz Bollinger, Franz Müller, Heinrich Guter, Helmut Bauer. Wir stiegen ein und die Fahrt zum Justizpalast,
quer durch München begann. Es war eine sehr ernste, schwere
Stimmung, aber trotzdem herrschte eine tiefe Harmonie unter uns
allen. Durch einen kleinen Schlitz konnte man ab und zu Aus-
schnitte aus dem Münchener Stadtbild erhaschen. Es war ein strah-
lender Tag draußen. Leise sagte ich zu Prof. Huber: »Das schöne
München...« und meinte damit den grauenhaften Kontrast zwischen dieser Brückenstadt zum Süden, dieser schönen Stadt der
Kunst und dem blutigen, brutalen Naziterror. Huber verstand
mich, sah mich an und sagte: »Wen Gott lieb hat, den züchtigt
er.«
Im Hof des Justizpalastes empfing uns ein Polizeikordon. Die
Hände wurden uns gefesselt, und wir kamen hinauf in die große
Wartezelle, zum ersten Male alle gemeinsam. Schweigend studier-
ten wir die Wände, erschütternde Zeugnisse legten sie ab von
Menschen, die zum Tode verurteilt worden waren. Viele glühende
Bekenntnisse zur Freiheit, zum sozialistischen Staat. Viele verdam-
mende Urteile über den Nationalsozialismus standen hier mit schö-
ner Schrift und ungelenker, kaum lesbarer Schrift. – Nur ein paar

Wortbrocken konnten wir wechseln, da wir streng beaufsichtigt wurden. Schmorell war schweigsam, er hoffte auf nichts mehr, Willi Graf, sonst still, war jungenhaft offen. Er sagte leise: »Ach, zehn Jahre...«

Dann öffnete sich das Tor und wir wurden gefesselt über den langen Korridor in den Schwurgerichtssaal geführt. Links und rechts standen Menschen, Kopf an Kopf. Viele Studenten der Münchener Universität, Arbeiter, Soldaten. Wir gingen an ihnen vorbei. Kein böses Wort traf uns – nur Blicke voll tiefer Sympathie und voller Mitleid. Als erster betrat Schmorell den Saal, ihm folgte Prof. Huber und dann kamen wir anderen. – An der Tür sah ich meine Mutter stehen. Ich konnte ihr, obwohl gefesselt, die Hände drücken und ihr, der man soeben ihren ältesten Sohn und ihre Schwiegertochter auf so grausame Weise ermordet hatte, sagen: »Ich denke an Euch alle.«

Im Gerichtssaal wurde neben uns je ein Schupo gesetzt, die Verhandlung war öffentlich, d. h. es durften allerdings nur Gestapo-Agenten, hohe Offiziere und Parteifunktionäre daran teilnehmen. Zwei kommandierende Generale saßen mit ihren Stäben im Saal, der Oberbürgermeister von München, Fiehler, der stellvertretende Gauleiter usw. Ihre Haltung war der Haltung des Publikums draußen auf dem Korridor genau entgegengesetzt. Die braunen Parteibonzen wären am liebsten aufgesprungen, um uns zusammenzuschlagen. Weniges später öffnete sich die Tür hinter dem Verhandlungstisch und der Gerichtshof erschien. An der Spitze, in blutrotem Ornat, mit Gold verziert, Freisler. Es folgten: Landgerichtsdirektor Stier, SS-Gruppenführer und Generalleutnant der SS Breithaupt, SA-Gruppenführer Bunge, SA-Gruppenführer und Staatssekretär Köglmaier. Der erste Staatsanwalt Bischoff nahm an seinem Tisch Platz – später wurde er vom Oberreichsanwalt des Volksgerichtshofes Lauds abgelöst. In hämisch-pathetischer Weise verlas Freisler die einzelnen Anklagepunkte. Als die Flugblätter verlesen wurden, wuchs die feindliche Erregung im Saal und nahm bedrohliche Formen an. Sofort nach der Verlesung sprang der Wahlverteidiger von Prof. Huber auf, nahm stramme Haltung an, grüßte mit »Heil Hitler« und erklärte mit großem Pathos: »Herr Präsident! Hoher Gerichtshof! Da ich erst jetzt Kenntnis von dem Inhalt der Flugblätter erhalten habe, sehe ich mich als deutscher Mensch und Rechtswahrer des Deutschen Reiches außer Stande, ein solch ungeheuerliches Verbrechen zu verteidigen. Ich bitte den hohen Gerichtshof, mich von meiner Verteidigung zu entbinden und die angeführten Gründe zu würdigen.« Eine hämische Stille entstand im Saal. Mit breitem, schmierigem Grinsen antwortete Freisler: »Ihre Haltung ist ausgezeichnet. Wir haben volles Verständnis für Ihre Einstellung und entbinden Sie von Ihrer Pflicht als Verteidiger.« Mit einem schneidigen »Heil Hitler« verließ der »Rechtswahrer« des Nazireiches den Saal. (Rechtsanwalt Dr. Deppisch, München, Leopoldstr. 56.)

Prof. Huber, neben dem ich saß, war auf das Tiefste erschüttert. Aber noch eine Enttäuschung traf Prof. Huber. Er hatte als Entlastungszeugen den Münchener Historiker, seinen Kollegen Geh. Rat Alexander von Müller, benannt. Von Müller ließ sich entschuldigen, er sei dienstlich von München abwesend. –

Als erster wurde Alexander Schmorell vor die Schranken gerufen. Mit bestialischer Rhetorik überschüttete Freisler den jungen Studenten, eine Beschimpfung jagte die andere – brüllend, tobend, so daß Schmorell überhaupt nicht zu Worte kam. Jedes Mal, wenn er nur ansetzte, seine Handlungen zu erklären, zu verteidigen, schnitt ihm Freisler kreischend das Wort ab. Als Freisler sich ausgetobt hatte, stellte er die Frage: »Was haben Sie denn an der Front getan?« Schmorell antwortete: »Ich habe mich um die Verwundeten gekümmert, wie es meine Pflicht als angehender Arzt ist.« Darauf Freisler: »Ja, und wenn die Russen kamen, haben Sie nicht auf die Russen geschossen?« – »Genausowenig wie ich auf Deutsche schieße, schieße ich auf Russen!« Eine Flut von Schimpfworten ergoß sich über Schmorell: »Seht Euch diesen Verräter an! Das will ein deutscher Wachtmeister sein! Er fällt dem Vaterland in den Rücken!« Später erklärte Schmorell, er habe als Rekrut seinen Vorgesetzten davon in Kenntnis gesetzt, daß er den Eid auf den Führer nicht bereit sei abzulegen, da er Deutsch-Russe sei. Freisler wischte den Einwand hinweg.

Die Verhandlungstechnik und den zur Verhandlung stehenden Fall beherrschte Freisler durchaus, und jeder von uns mußte sich sehr anstrengen, mit dem Höllentempo mitzukommen. Die Eitelkeit

Freislers und sein Sadismus machten den Gerichtshof zur reinen Propagandatribüne, immer wieder flocht er kreischend politische Platitüden ein.

Prof. Huber, der als nächster vorgerufen wurde, wurde in hämischer Weise mitgeteilt, die Universität habe ihm seinen Professorenrang und seinen Doktortitel aberkannt, weil er ein Verführer der deutschen Jugend sei. Als Prof. Huber antwortete, seine Kollegs seien immer überfüllt gewesen, und er habe es als Hochschullehrer und Philosoph als seine Pflicht angesehen, den jungen Menschen bei ihren inneren Kämpfen beizustehen, erklärte Freisler zynisch lächelnd: »Sie halten sich wohl für einen neuen Fichte?«

Prof. Huber, der seit seiner Geburt an einem leichten Sprachfehler litt, hielt sich mit aller Kraft aufrecht und versuchte, stimmlich gegen dieses Meer von Unflat anzukämpfen. Er bebte am ganzen Körper, jedoch nicht aus Furcht oder Angst, sondern vor tiefster Erregung und Empörung über diese unwürdigen Zustände.

Als Dritter folgte Willi Graf – ruhig und gelassen. Der Ton Freislers mäßigte sich etwas. Freisler sagte: »Sie haben ja der Gestapo schöne Lügengeschichten aufgebunden und um ein Haar wären Sie herausgekommen. Aber...« und jetzt nahezu mit einem verbindlichen Lächeln, als ob er ein Spiel gewonnen hätte »... wir sind doch schlauer als Sie!«

Die nun folgenden Verhandlungen gegen die anderen Angeklagten standen auf der Basis der Selbstverteidigung, denn bei diesen Angeklagten bestand die Aussicht mit dem Leben davonzukommen, und es war ein ungeschriebenes Gesetz aller Illegalen, mit allen Mitteln zu versuchen, aus den Klauen der Gestapo und der Justiz herauszukommen, um weiter in der Widerstandsbewegung arbeiten zu können, allerdings mit der Maßgabe, daß hierdurch niemals ein Mitkämpfer belastet wurde.

Erschütternd war die Verhandlung gegen das Geschwisterpaar Hirzel. Sie waren noch die reinsten Kinder, sie kamen aus einem Pfarrhause. Besonders der junge Hirzel fiel prompt in jede Fallgrube, die ihm Freisler bereitete, um so erschütternder war aber der Mut, mit dem er illegale Arbeit geleistet hatte.

Als ich vor die Schranken gerufen und meine Daten verlesen wurden und Freisler mit Hohn auf die vor kurzem erfolgte Hinrichtung meines Bruders und meiner Schwägerin hinwies, ging eine Welle der Erregung durch den Saal. Ich mußte an mich halten, um nicht auszubrechen, um die klare Verhandlungslinie nicht zu verlassen. Unter anderem wurde mir vorgehalten, ich hätte defaitistische Äußerungen getan, daß der Krieg für Deutschland verloren sei. Ich entgegnete Freisler, meine Äußerung sei gewesen: »Ich befürchte, daß Deutschland den Krieg verliere und halte es deshalb für notwendig, sich mit den daraus ergebenden Problemen rechtzeitig auseinanderzusetzen. Die nationalsozialistische Propaganda erklärt: Nach dem Zusammenbruch kommt das Chaos. Diese Propagandarichtung halte ich für überaus gefährlich, denn« – und jetzt mit erhobener Stimme – »Deutschland darf nicht untergehen.« Durch diesen Salto stand ich plötzlich auf der nationalen Plattform. Freisler, der deutlich merkte, daß ihm der Degen aus der Hand geschlagen war, stoppte einen Moment seinen Redefluß und wußte nicht genau, wo er wieder einsetzen sollte, insbesondere, da ich gerade in diesem Moment ein Führungszeugnis eines mir bekannten Generals vorlegen konnte, was verlesen wurde. Mit dieser nervenaufreibenden Taktik gelang es mir allmählich, Freisler auf eine Verhandlungsbasis zu bringen, auf der ich meine Argumente ausführen konnte. Auf die Frage von Freisler, warum ich die Sache nicht angezeigt hätte, argumentierte ich mit meiner Kriegserkrankung – Nerven – und mit den schweren Verlusten, die unsere Familie betroffen hatten und sagte: »Das kann vielleicht eine kalte Maschine, aber kein Mensch. Was Sie erwarten ist – –« da fiel mir Freisler ins Wort und vervollständigte »übermenschlich«. »Nein«, antwortete ich, »fast zuviel für einen Menschen.«

Für kurze Zeit wurde der Prozeß unterbrochen. Folgendes Ereignis trat ein, das typisch für die Praktiken des Volksgerichtshofs ist: Vier neue Angeklagte, junge Studentinnen, wurden in den Saal geführt, ebenfalls auf die Anklagebank gesetzt. Freisler wurden die Protokolle übergeben und er sagte: »Die vier Angeklagten müssen wir auch noch in unseren Prozeß einbeziehen, meine Herren Rechtsanwälte, teilen Sie sich diese vier Fälle, in der Pause haben Sie Gelegenheit, kurz von den Akten Kenntnis zu nehmen.«

D.h. nicht mehr oder weniger, die vier Angeklagten hatten
a) nicht die Möglichkeit, von der Anklageschrift Kenntnis zu nehmen,
b) sich mit der Verteidigung vor dem Prozeß, wie sonst in der ganzen Welt üblich, zu verständigen und auszusprechen.
Vierzehn Stunden dauerte der Prozeß, eine Nervenanspannung
sondergleichen. Die Zunge klebte im trockenen Mund, die Spannung war nahezu unerträglich. Mittags wurde eine Pause gemacht.
Die Herren vom Volksgerichtshof gingen essen. Wir blieben im
Saal und nur durch die Gutmütigkeit eines Polizeibeamten erhielten
wir eine »Erfrischung«. Diese bestand aus einem Liter-Maßkrug
Wasser für uns alle. –
Gegen 9 Uhr abends begann der Oberreichsanwalt mit seinen Straf-
anträgen. Todesstrafe wurde gefordert für Schmorell, Prof. Huber,
Graf und Grimminger. Die Rechtsanwälte versuchten vorsichtig
eine Verteidigung, die im letzten doch nur ein Kotau vor dem
Volksgerichtshof war. Dann konnten wir unsere Schlußworte
sprechen. Das Schlußwort von Prof. Huber ist ja, da die Aufzeichnungen vorhanden sind, bekannt. Schmorell und Graf blieben einfach und gelassen und bekannten sich zu ihrer illegalen Arbeit, die
sie aus dem Glauben an ein besseres Deutschland heraus getan hatten. Bei der Schlußrede des Angeklagten Grimminger kam es zu
einem aufsehenerregenden Zwischenfall. Die Frage, ob er sein Geld
hergegeben, um eine illegale Bewegung zu unterstützen oder um
Kriegsstudenten zu helfen, war noch nicht entschieden. Die Sekretärin von ihm wurde nochmals aufgerufen und durch ihre überaus
geschickte Formulierung entstand durchaus der Eindruck, daß
Grimminger nur aus sozialen Gründen das Geld herausgegeben
habe.
Danach wurden wir wieder in die großen Massenzellen zurückge-
führt und bekamen einen undefinierbaren dicken Brei, den aber keiner von uns essen konnte, weil die Kehle wie zugeschnürt war. Bei
dieser Gelegenheit konnte ich kurz mit Prof. Huber sprechen. Er
sagte mir: »Ist es nicht ein trostloses Bild, dieser sogenannte
höchste deutsche Gerichtshof, ist es nicht eine Schande für das deutsche Volk.«

Keiner fand die Ruhe, sich niederzusetzen. Wir alle gingen rastlos auf und ab, waren doch jetzt die entscheidenden Minuten der »Urteilsfindung«, die Entscheidung über Leben und Tod gekommen.

Die anwesenden Polizisten, zum größten Teil biedere Bayern, hielten sich vollkommen zurück, schauten weg, und bei einigen von ihnen hatte man den Eindruck, daß sie sich dieses schrecklichen Schauspiels schämten.

Gegen 10.30 Uhr abends wurden wir wieder gefesselt in den großen Schwurgerichtssaal mit seiner lächerlich geblümten Tapete geführt. Die Urteilsverkündung begann. Freisler erhob sich, hinter ihm das Bild mit der widerlichen Fratze Hitlers. Mit genießerisch rhetorischer Breite formulierte er die Urteilsbegründung, die nicht schriftlich vorlag.

Alexander Schmorell, Prof. Huber und Willi Graf wurden mit dem Tode bestraft, Grimminger mit 10 Jahren Zuchthaus. Er war also gerettet. Und nun folgten die anderen Angeklagten mit längeren oder kürzeren Freiheitsstrafen. Zum Schluß kam ich an die Reihe und obwohl der Oberreichsanwalt 5 Jahre beantragt hatte, wurde ich mangels Beweisen freigesprochen. Die Freunde, die ihr Todesurteil vernommen hatten, waren still und gefaßt, keine Träne, aufrecht.

Freisler verließ mit seinen sogenannten Richtern mit der Befriedigung den Saal, der Öffentlichkeit wieder ein »glänzendes Schauspiel« gegeben zu haben.

Mir wurde mitgeteilt, daß ich am nächsten Tage der Gestapo ausgeliefert würde.

Wieder umringte uns der Polizeikordon. Wir wurden aus dem Verhandlungssaal hinuntergeführt, wo der Gefängniswagen bereitstand. Wir stiegen ein.

Ich kam neben Grimminger zu sitzen, gratulierte ihm und sagte (es war der 19. April): »In höchstens zwei Jahren ist der Krieg vorbei und du bist frei. Die 10 Jahre sind jetzt gleichgültig, Hauptsache, daß du deinen Kopf gerettet hast.«

Nun begann eine Rundfahrt durch München, denn alle Angeklagten waren ja in den verschiedensten Gefängnissen untergebracht und mußten nun ihre sogenannte »Habe« holen. So fuhren wir zuerst ins Neudeck-Gefängnis, warteten eine Viertelstunde, dann kamen Schmorell und Huber und die anderen mit ihrer Habe zurück in den Wagen. Weiter ging die Fahrt zum Cornelius-Gefängnis, wo Graf und ich aussteigen mußten. Wir kamen in die »Aufnahme« herein, die Justizbeamten hatten schon unsere kleinen Pakete zurechtgestellt und hatten uns sogar das Abendessen, obwohl es nun schon 12 Uhr nachts war, aufgehoben. Graf und ich waren ausgehungert. Wir versuchten zu essen, es gelang uns nicht. Langsam begann ein Gespräch zwischen uns. Da ich nun meine »Habe« in der Hand hatte, in der sich auch Zigaretten befanden, holte ich Zigaretten heraus. Der Wachtmeister wollte eigentlich Einspruch erheben. Wir sahen ihn an und Graf sagte zu ihm: »Nun ist's genug.« Da ließ er uns ruhig rauchen. Willi fragte mich: »Falk, du weißt ja von deinem Bruder Bescheid. Wie lange dauert es denn nun bis zur Hinrichtung? Hoffentlich recht bald, denn das Warten ist entsetzlich.« Ich antwortete ihm: »Gib noch nicht alle Hoffnung auf, da du ja nicht der Initiator dieser Aktion bist, besteht doch die Möglichkeit, daß ein Gnadengesuch für dich Erfolg hat. Im übrigen glaube ich, daß die Wartezeit, da dieser Prozeß soviel Aufsehen im In- und Auslande erregt hat, nicht lang sein wird.« (Heute weiß ich, daß Willi Graf die schwerste Zeit durchmachen mußte. Er war der Letzte, der hingerichtet wurde, und zwar am 12. Oktober 1943.)

Der Justizbeamte trieb uns zur Eile, wir packten unsere Sachen zusammen, gingen die steile Treppe hinunter in den Gefängnishof und stiegen zu den Freunden in den Wagen. Die Polizeibeamten im Wagen ließen uns ruhig gewähren.

Prof. Huber saß still in sich gekehrt. Schmorell und Graf nahmen lebendigen Anteil. Die anderen waren innerlich noch so hochgespannt und aufgeputscht, daß eine nicht zu schildernde Atmosphäre entstand. Da alle ihre Habe bei sich hatten, hatten wir genug zu rauchen, alle rauchten in tiefen Zügen. Der Wagen setzte sich in Bewegung. Hinaus an die Peripherie von München ging es: nach München-Stadelheim.

Nach ca. 25 Minuten stoppte der Wagen, man hörte die großen

Gefängnistore kreischen, der Wagen fuhr in den Hof des Strafge-
fängnisses München-Stadelheim. Die Tür öffnete sich und wir
wurden in den großen Empfangsraum des Gefängnisses geführt.
Dort stand ein Justizinspektor mit der Strafliste in der Hand und
sortierte die einzelnen wie Waren in einem Kaufhaus, jeden nach
seiner Strafkategorie.

»Todesstrafe rechts in die Ecke, Zuchthaus links in die Ecke, Gefängnis auf die andere Seite.« Dann stand ich allein im Raum. Er
wandte sich zu mir und sagte: »Sie gehen in die Ecke zu den Todeskandidaten.« Ein Justizwachtmeister trat vor uns und die Todeskandidaten marschierten los.

Der Abschied ist nicht zu beschreiben. Dies »Lebewohl« von allen
Fünfzehn wird man nie vergessen können.

Dann ging der Weg durch endlose Korridore, die hellerleuchtet waren, um viele Ecken herum, bis wir vor einer schweren eisenbe-
schlagenen Tür standen, die aufgeschlossen wurde. Wir wußten, es
ist das Todeshaus. Wir traten in diesen Korridor ein. Links und
rechts an den Zellentüren hingen schwarze Täfelchen mit weißer
Aufschrift: TU. Todesurteil. Vor den Zellen lagen Kleiderpakete.
Die Delinquenten mußten nackt schlafen, gefesselt.

Ich drückte Prof. Huber die Hand. Was sollte man sagen. Viel hatte
man auf dem Herzen, ohne jedoch das rechte Wort zu finden. Es
war zu schwer. Ich sagte ihm: »Wir werden immer an Euch denken. Es war nicht vergeblich.« Prof. Huber sagte zu mir: »Hoffentlich kommen Sie bald heraus, Sie müssen viel mitgemacht haben,
und Sie wissen, was Sie dann zu tun haben.«

Dann kam der Abschied von Alexander Schmorell, mit dem mich
eine Freundschaft verband. In seiner jünglingshaften Art sagte er
mir noch: »Grüße Lilo recht herzlich von mir, ich habe viel an sie
gedacht.« Wir gaben uns fest die Hand.

Dann kam der Abschied von Willi Graf. Ehe wir aber den Mund
auftun konnten, waren schon die Gefängnisbeamten zwischen uns,
zogen uns auseinander. Ich kam in die Zelle, hinter mir wurde abgeschlossen. Ich war allein. Der Kopf dröhnte. Nach kurzer Zeit
wurde die kleine Klappe geöffnet und herein guckte mit einer
gleichmütigen Miene ein Gefängnisbeamter: »Auch Todesurteil?«

»Nein«, sagte ich, »ich komme zur Gestapo zurück.« »Na, viel Vergnügen.« Die Klappe war wieder zu.

Die ganze Nacht ging ich in der Zelle auf und ab, rastlos an die Freunde denkend, die in den Nebenzellen untergebracht waren. Bruder, Schwägerin, Freunde, die schon durch den Henker umgebracht waren, standen lebendig vor mir. Die Nacht zog sich endlos hin und das überreizte Gehirn glaubte jede Minute das Fallbeil des Henkers zu hören. Waren doch die Geschwister Scholl und Probst kurz nach ihrer Verhandlung hingerichtet worden.

Am nächsten Morgen um 11 Uhr wurde ich herausgeholt und zur Gestapo in die Briennerstraße gebracht. Quälende Ungewißheit: Freiheit oder Konzentrationslager oder Transport nach Berlin zu den noch immer laufenden Prozessen der »Roten Kapelle«? Mittags um 2 Uhr kamen zwei Gestapobeamte auf mich zu und erklärten, die Entscheidung sei gefallen, ich sei aus der Haft entlassen und habe sofort zum Militär zurückzukehren.

Diese Entlassung erscheint einem naiven Menschen kaum glaubhaft, aber sie war Taktik der Gestapo, wie die Katze die Maus aus den Fängen läßt, um sie nach einer gewissen Zeit wieder einzufangen. Man wollte einfach feststellen, was für Verbindungen ich nach diesem Prozeß wieder aufnehmen würde.

Zwei Tage später kehrte ich zu meinem Ersatztruppenteil zurück. Im August kam ich mit einer neuen Einheit nach Athen, und am 20. Dezember 1943 erreichte die Kompanie mein persönliches Vernichtungsurteil von Himmler. Im letzten Moment gelang es mir, auf dem Flugplatz Athen-Tatoi von der bereitstehenden Maschine zu flüchten und den antifaschistischen Kampf in der Folgezeit in Athen und in den griechischen Bergen gemeinsam mit den griechischen Freiheitskämpfern fortzusetzen.

1947

## Elisabeth Hartnagel, geb. Scholl,
## Schwester von Hans und Sophie Scholl

Ich war ca. zehn Tage von Ende Januar bis zum 5. Februar 1943 in München bei Hans und Sophie in der Franz-Joseph-Straße 13 zu Gast. Während meines Aufenthaltes konnte ich keine Spur der Aktionen meiner Geschwister wahrnehmen. Ich erbot mich, die Wohnung der beiden einer gründlichen Frühjahrsreinigung mit Räumaktion zu unterziehen, wozu wir uns zwei Tage Zeit nahmen. Auch dabei konnte ich keinerlei Gegenstände entdecken, die Verdacht erregt hätten. Unverständlich war mir Sophies Aufregung, als Alex einmal einen Militärfahrschein aus Saarbrücken hatte liegen lassen. Sie war aufgebracht über diese »Unvorsichtigkeit«.

Ein Russenkittel von Alex Schmorell hing in der Wohnung. Sophie sagte damals halb im Scherz: »Den zieht er an, wenn er ab und zu mit russischen Fremdarbeiterinnen und Fremdarbeitern in einen Kellerraum geht, um dort russische Tänze zu tanzen. Das gibt ihm das Gefühl, in Rußland zu sein.« Dieser Russenkittel war unter den Sachen, die uns nach dem Tode meiner Geschwister durch Traute Lafrenz nach Ulm gesandt wurden. Ich gab ihn Frau Wertheimer, einer früheren Wirtin von Hans, und bat sie, ihn zu Vater Schmorell zu bringen.

Einmal kam Christl Probst auf der Durchfahrt durch München zu einem kurzen Aufenthalt zu uns. Ich war beeindruckt, daß er trotz eines Aufenthalts von nur eineinhalb Stunden die Uniform auszog und Zivilkleidung anlegte. Er zog sich sofort mit Hans in dessen Zimmer zurück. Anschließend tranken wir zusammen Tee und sprachen über Christls Frau, die nach der Geburt des dritten Kindes mit Wochenbettfieber in einer Klinik lag.

Deutlich erinnere ich mich an folgende Geschichte, deren Hintergründe mir erst später klar wurden:

An einem Abend ging Hans mit Alex Schmorell weg, »in die Frauenklinik«, wie sie sagten. Kurz darauf erschien Willi Graf in der Wohnung. Als ich ihm sagte, die beiden seien zur Frauenklinik, lachte er und bemerkte, die würden ohne ihn nicht dorthin gehen. Sophie machte mir an diesem Abend einen nervösen Eindruck. Wir machten einen Spaziergang im Englischen Garten. Sophie sagte während des Spaziergangs, man müsse etwas tun, zum Beispiel Maueranschriften machen. »Ich habe einen Bleistift in der Tasche«, sagte ich. Sophie: »Mit Teerfarben muß man sowas machen.« Ich: »Das ist aber wahnsinnig gefährlich.« Sophie, ablenkend: »Die Nacht ist des Freien Freund.« Als wir in der Wohnung zurück waren, rief Hans an und bat: »Besorgt eine Flasche Wein. Ich habe noch 50 RM in der Tasche gefunden.« Im Hause wohnte ein Schwarzhändler, bei dem man sich für besondere Gelegenheiten mal eine Flasche Wein erstand, zum Preis von 20 RM.

Hans, Alex und Willi Graf kamen kurz darauf in gelöster Stimmung in die Wohnung, und wir verbrachten noch einen entspannten und gemütlichen Abend.

Am nächsten Morgen begleitete ich Sophie und Hans in eine Vorlesung über Leibniz in die Uni. Neben dem Eingang der Universität stand eine große Ansammlung von Studenten und starrte an die Mauer. Als wir näherkamen, sahen wir an dieser Mauer in über 1 m großen Buchstaben in schwarzer Farbe das Wort FREIHEIT angeschrieben. Mehrere Putzfrauen waren emsig bemüht, diese Anschrift abzuschrubben.

Ein älterer Student sagte zu Sophie: »Diese Schweinehunde!« Hans drängte darauf, daß wir weitergingen, indem er sagte: »Wir wollen nicht auffallen.« Im Weggehen sagte Sophie leise zu mir: »Da können sie lange schrubben, das ist Teerfarbe.«

Die Vorlesungen von Professor Huber waren regelmäßig überfüllt, auch weil er keine Gelegenheit ausließ, analog zu seinem Stoff über Leibniz versteckte Angriffe auf die Nazi-Diktatur anzubringen. Solche Spitzen wurden mit brausendem Beifall quittiert, und ich hatte den Eindruck, daß die Masse der anwesenden Studenten auf diese Augenblicke geradezu gewartet hat.

Nach dieser Vorlesung trennten sich Hans, Alex und Willi Graf von Sophie und mir, um Professor Huber aufzusuchen.

Während meines Aufenthaltes am 4. Februar 1943 las Theodor Haecker in einem Kreis von geladenen Freunden und Bekannten im

Atelier Eickemeyer. Bei solchen Zusammenkünften wurde nichts über die Aktionen gesprochen, es sei denn die allgemeine Kritik am Regime, die man unter Gleichgesinnten wagen konnte. Die eigentliche Aktivität beschränkte sich offensichtlich auf die kleine Gruppe der sechs, die dies mit dem Leben bezahlen mußten, sowie auf einige wenige außerdem, die hinterher hohe Freiheitsstrafen erhielten.

Ich habe in Erinnerung, daß wir häufig Konzerte besuchten. Dabei trafen wir alle Freunde.

Was ich auch noch in lebhafter Erinnerung habe, war der umfangreiche Gästebetrieb, den Sophie mit ihren wenigen Lebensmittelkarten bewältigen mußte. Was mußte sie allein an Zeit aufwenden, um markenfreie Lebensmittel aufzutreiben.

September 1968

Wilhelm Geyer, Kunstmaler aus Ulm, Freund von
Hans und Sophie Scholl; hielt sich im Februar 1943
einige Zeit in München zur Porträtierung von Carl Muth
auf und wohnte zeitweise bei den Geschwistern Scholl
bzw. im Atelier Eickemeyer

Für Hans waren Professor Huber, Carl Muth und Theodor Haecker bestimmende Persönlichkeiten. Hans hatte aber auf diese Herren nicht geringen Einfluß. Welcher ältere Mann, der in der Isolation lebt, ist nicht aufgeschlossen für die Anerkennung durch einen jüngeren Mann.

Am Tag von Stalingrad ging ich mit Hans zur Vorlesung von Professor Huber. Vor dem Eingang der Universität standen viele Studenten und andere Leute und schauten den Putzfrauen zu, die versuchten, die mannshohen Buchstaben der Anschrift »Freiheit« wegzuwaschen.

In der Vorlesung gedachte Prof. Huber vorschriftsgemäß der Opfer von Stalingrad und fügte den Satz hinzu: »Die Zeit der Phrasen ist vorbei.«

Nach der Vorlesung wollte Hans vor der Universität auf Professor Huber warten. Ich brachte ihn davon ab mit dem Hinweis, daß der Platz voller Spitzel sei, und er habe ja gehört, was Professor Huber gesagt habe. Wir gingen die Ludwigstraße der Feldherrnhalle zu. An den Fassaden und auf den Gehsteigen waren die mit Schablonen gemachten Anschriften »Nieder mit Hitler« mit weißen Papieren überklebt. Ich sagte zu Hans: »Das haben Sie (sie) gut gemacht.« Er antwortete auf das sie (Mehrzahl): »Das ist eine Dummheit, jetzt wird die Universität geschlossen.« Die Woche vorher fragte mich Alex, wie man Schablonen herstelle. Freiheit war das Erste und Letzte, um das es der Gruppe ging. Sie waren in ihrer Menschenwürde verletzt. Gelegentlich sprachen sie von Verbindungen nach Berlin und zur Reichswehr. Aber das klang sehr vage.

Am Dienstag der letzten Woche kam ich abends um 6 Uhr in die Franz-Joseph-Straße, um die Atelierschlüssel, die Hans immer freitags von mir bekam, abzuholen. Auf mein Klingeln öffnete niemand. Ich drückte auf die Türklinke, die Tür öffnete sich. Im Dunkeln standen Hans und Sophie. Sophie sagte erleichtert: »Ach, es ist ja Herr Geyer.«

Wir gingen zusammen zum Nachtessen ins Bodega. Sophie ging in ein Konzert im Bayerischen Hof. Ich saß mit Hans noch eine halbe Stunde zusammen. Er sagte, wenn alles vorbei sei, wolle er eine freie Presse machen. Das war das letztemal, daß ich ihn sah.

Sophie kam nach dem Konzert noch aufs Atelier zu einer Tasse Kaffee. Bei dieser Gelegenheit sagte sie: »Es fallen so viele Menschen für dieses Regime, es ist Zeit, daß jemand dagegen fällt.«

Sie wußten, daß sie von der Gestapo beschattet wurden und spielten mit dem Gedanken zu fliehen. Doch der Gedanke an die Familie und Freunde hielt sie davon ab.

Wenn sie verhaftet werden sollten, dann nicht heimlich, sondern so, daß es die ganze Welt weiß. –

Damit erklärt sich wahrscheinlich ihr Verhalten bei der Flugblattaktion in der Universität.

Am Mittwochmorgen frühstückte ich noch mit Sophie. Ich fuhr an diesem Tag nach Stuttgart, mußte aber am Freitag wieder in München sein. Sie meinte, entweder fahre sie oder Hans nach Ulm. Aber einer von ihnen sei sicher da.

Ulm, 21. September 1968

## Helmut Goetz,
### damals Student an der Universität München

Als ich vor wenigen Tagen im Sozialarchiv Zürich Ihr Erinnerungsbuch ›Die weiße Rose‹ las, bemächtigte sich meiner eine große Erregung, die in keinem Verhältnis zur zeitlichen Distanz der traurigen Ereignisse im Februar 1943 stand. Doch meine innere Erschütterung, mit der ich Ihr Buch aus der Hand legte, ist insofern begreiflich, als ich nämlich an jenem 18. Februar vor zehn Jahren Augenzeuge eines Teiles der Vorgänge in der Münchener Universität war.

Es war mein vorletzter Urlaubstag und ich wollte noch schnell – bevor mich wieder das Gefängnis einer Kaserne schluckte – eine kunsthistorische Vorlesung als Viaticum mit auf den Weg nehmen. Es war kurz nach 11 Uhr, als ich vor Freude über die noch gut lesbaren Worte »Freiheit, Freiheit« an der Universitätsmauer das Gebäude betrat. Im Moment, als ich den Lichthof durchquerte, flatterten Blätter vom 3. Stock herunter. Ich meinte zuerst, es handle sich da um ein Kollegbuch, das aus Versehen heruntergefallen sei, und wollte schon weitergehen, als einige Studenten, die sich um die Blätter kümmerten, von einem eilig hinzugesprungenen Universitätsangestellten mit heftigen Worten zurechtgewiesen und verdrängt wurden. Gespannt wartete ich noch eine Weile, als plötzlich von oben der Pedell herunterkam und am Arm einen Studenten führte, der ihn um mindestens zwei Köpfe überragte. Dann ging ich in die Vorlesung. Um 12ʰ aber konnte ich die Universität nicht mehr verlassen, da alle Ausgänge und Telefonkabinen zugesperrt waren. Eine große Menge von Studenten sammelte sich am Hauptausgang zur Ludwigstraße, vor dem bereits die Wagen der SS und Gestapo standen. Man tuschelte untereinander, aber sonst geschah nichts, auch nicht als ein junges Mädchen von zwei Gestapobeamten, deren Beruf schon an ihren Visagen erkenntlich war, durch die Menge hindurch abgeführt wurde. Ich kochte vor Wut, Zorn und Haß, war aber zu feig, auch nur den Mund aufzumachen: einmal bestand von drei Hausdurchsuchungen und Verhören durch die Gestapo bereits ein Dossier von mir, und zweitens gab mir mein jugendliches Alter und meine geistige Entwicklung nicht den Mut, irgend etwas zur Unterstützung der Verhafteten zu tun. Ich war aber auch erschüttert über die trostlose Passivität der anwesenden Studenten, die schweigend und wartend herumstanden und die unbegreifliche Blödheit hatten, den kurz darauf erscheinenden Rektor, der eine aufklärende Ansprache hielt und etwas von Hochverrätern usw. faselte, zu betrampeln...

23.10.1953

Robert Mohr, Kriminalobersekretär bei der Gestapo
München, Vernehmungsbeamter von Sophie Scholl
und anderen Beteiligten des Kreises
der Weißen Rose

Bereits im Sommer 1942 kamen bei der Staatspolizei München im Vervielfältigungsverfahren hergestellte, mit Schreibmaschine geschriebene Flugblätter, mit der Überschrift »Die weiße Rose« in Einlauf. Die Blätter umfaßten 2 Schreibmaschinenseiten und waren durchwegs an höhergestellte Persönlichkeiten des geistigen Lebens, Professoren, Schriftsteller und dgl. gerichtet. [...]
Die in dieser Richtung angestellten Ermittlungen, zur Feststellung der Urheber verliefen ergebnislos. Verschiedene Umstände deuteten darauf hin, daß die Verfasser der Flugblätter in München zu suchen sein werden, nähere Anhaltspunkte fehlten jedoch vorerst.
Eine neue Situation entstand erst, als Ende Januar oder anfangs Februar 1943 in den späten Abendstunden im Stadtkern von München, offensichtlich von mehreren Personen, etwa 8–10 000 im Vervielfältigungsverfahren hergestellte Flugblätter in Haus- und Hofeingängen, auf den Bürgersteigen usw. ausgestreut wurden. Auch mit diesen Flugblättern wurde, ausgehend von der Tragödie von Stalingrad, mit drastischen Worten gegen die damals bestehende Regierungs- und Staatsform und seine Führung Stellung genommen. Es wurde als gegeben unterstellt, daß der Krieg bereits zu diesem Zeitpunkt verloren war und daher alles getan werden müsse, dieses unsinnige Blutvergießen abzukürzen bzw. zu beenden.
Das Auftauchen dieser verhältnismäßig großen Zahl von Flugblättern in der »Hauptstadt der Bewegung« hat selbstverständlich bis in die höchsten Stellen Beunruhigung und Aufsehen hervorgerufen. [...]
Am folgenden Vormittag zwischen 10 und 11 Uhr erhielt ich in meinem Zimmer im Wittelsbacher Palais die telef. Aufforderung, sofort zum Chef – Oberregierungsrat Schäfer – zu kommen. Als ich wenig später nichtsahnend dort eintraf, fand ich Herrn Schäfer an seinem Schreibtisch, hinter einem Berg der vorerwähnten Flug-

blätter, die inzwischen in der Stadt eingesammelt wurden und hier aufgestapelt waren.

Nach kurzer Information erhielt ich den Auftrag, alle anderen Arbeiten zu übergeben oder wenn nicht dringlich, liegen zu lassen, um sogleich mit mehreren Beamten die Fahndungstätigkeit nach den Urhebern dieser Flugblätter aufzunehmen. Zugleich wurde mir mitgeteilt, daß diese Flugblatt-Aktion größte Beunruhigung hervorgerufen habe und daß demgemäß die höchsten Stellen von Partei und Staat an einer möglichst baldigen Aufklärung interessiert seien. Dieses begreifliche Interesse wurde schließlich auch dadurch unterstrichen, daß fast täglich maßgebende Persönlichkeiten vorsprachen, um sich über den Stand der Dinge zu informieren.

Fast um die gleiche Zeit sind Flugblätter ähnlichen oder gar gleichen Inhalts in größerer Anzahl per Post in Stuttgart, Augsburg, Wien und, glaub' ich, in Salzburg und Innsbruck aufgetaucht, weshalb es zuerst ungewiß war, an welchem dieser Orte die Hersteller und Verbreiter zu suchen waren. Große Wahrscheinlichkeit sprach für München als Ausgangspunkt, weil hier die überaus große Zahl von Flugblättern ausgestreut wurde, während an den anderen Orten die Übermittlung per Post erfolgte.

Verhältnismäßig rasch konnte festgestellt werden, daß die Briefumschläge der zu Versand gebrachten Flugblätter von einer Münchner Kuvertfabrik stammten und auch das zur Vervielfältigung benützte saugfähige Papier mit ziemlicher Sicherheit in München gekauft wurde. Hinzu kam, daß beim Postamt 23 (an der Ludwigstraße) von ein und derselben Person ungewöhnlich viele Briefmarken zu 8 Pfennig gekauft wurden. Der betreffende Schalterbeamte konnte sogar eine Personenbeschreibung abgeben. Schließlich deutete der Inhalt der Flugblätter darauf hin, daß der bzw. die Verfasser der Flugblätter über einen akademischen Bildungsgrad verfügen mußten, und endlich, daß die Adressen der zum Versand gebrachten Flugblätter in München und Umgebung einem Studentenverzeichnis der Universität entnommen waren.

Mitten in diese Ermittlungstätigkeit kam am Vormittag des 18.2.43, etwa um 11 Uhr, von der Universität die telefonische Mitteilung, daß dort kurz vorher von der Balustrade des Lichthofes eine große Zahl von Flugblättern heruntergeworfen worden sei und daß 2 Personen festgehalten werden würden, die vermutlich als die Verbreiter in Frage kämen.

Als ich wenig später in das Vorzimmer des Rektorates geführt wurde, waren auch hier auf einem kleinen Tisch Flugblätter der bekannten Art, allerdings mit der Überschrift »Kommilitoninnen – Kommilitonen«, die man eben im Lichthof eingesammelt hatte, angehäuft. Im gleichen Zimmer befanden sich ein junges Fräulein und ein junger Herr, die mir als die vermutlichen Verbreiter der Flugblätter bezeichnet wurden. Ein Bediensteter der Universität (Schmitt) wollte die beiden in der Nähe der Abwurfstelle gesehen haben. Beide, vor allem das Fräulein, machten einen absolut ruhigen Eindruck und legitimierten sich schließlich durch Vorzeigen ihrer Studenten-Ausweise als das Geschwisterpaar Sophie und Hans Scholl.

Beide wurden mittels Kraftwagen zur Staatspolizei verbracht und im Laufe des Nachmittags und, als sich schließlich die Notwendigkeit dazu ergab, auch in den Abend- und Nachtstunden getrennt voneinander vernommen. Die Vernehmung der Sophie Scholl oblag mir, während Hans Scholl von einem Krim. Sekretär Mahler (aus Augsburg) gehört wurde.

Sophie Scholl versicherte mir zuerst absolut glaubwürdig (das war nach Lage der Dinge nur verständlich), mit dieser Flugblattgeschichte nicht das Mindeste zu tun zu haben. Am Abend vorher habe sie mit ihrer Freundin, ebenfalls einer Studentin (stammt aus Norddeutschland, wenn nicht von Hamburg, war damals etwa 20 Jahre alt, später mitangeklagt und erhielt m.W. 6 Monate Gefängnis) für den 18.2.43 ein Stelldichein verabredet, um gemeinsam das Mittagessen einzunehmen. Nun habe sich aber dieser Plan geändert, denn sie (Sophie) sei mit ihrem Bruder Hans übereingekommen, gemeinsam nach Ulm zu den Eltern zu fahren, um ihre Wäsche zu holen bzw. einen kurzen Besuch zu machen. Nur aus diesem Grunde seien sie (Sophie und Hans) auf dem Weg zum Bahnhofe zur Universität gegangen, um dort die Freundin, die sich bei einer Vorlesung befunden habe, von der Abreise zu verständigen. So erkläre sich auch das Mitführen des leeren Koffers, der zur

Unterbringung der Wäsche bestimmt gewesen sei. Die in Frage stehenden Flugblätter, so erklärte Sophie Scholl weiter, hätten sie beim Gang durch das Universitätsgebäude auf der Balustrade des Lichthofes aufgeschichtet liegen sehen. Im Vorbeigehen habe ihr Bruder, vermutlich weil ihm gerade nichts besseres eingefallen sei, die Blätter mit der Hand in den Lichthof hinabgestreift.

Als die Vernehmung ungefähr bis dahin gediehen war – es lag für mich kein Grund vor, die absolut glaubwürdigen Angaben der Sophie Scholl anzuzweifeln –, kam der Reichsstudentenführer Scheel zu mir ins Zimmer und ersuchte mich, sich kurz mit Sophie Scholl unterhalten zu dürfen. Vermutlich hat dann Sophie Scholl dem Scheel die gleiche Darstellung wie mir gegeben. Jedenfalls muß auch Scheel auf Grund der Unterredung der Auffassung gewesen sein, daß das Geschwisterpaar Scholl mit der Flugblattaktion nichts zu tun haben würde, sonst hätte er wohl beim Weggehen nicht die Äußerung gebraucht: »Macht der deutschen Studentenschaft keine Unehre.« Zu diesem Zeitpunkt war ich bei dem Stand der Dinge der Auffassung, daß Hans und Sophie Scholl noch am gleichen Tag mit ihrer Entlassung zu rechnen hätten. Dies gab ich der Sophie Scholl zu verstehen, indem ich beiläufig erwähnte, daß sie wohl noch am gleichen Abend die Reise nach Ulm, gemeinsam mit ihrem Bruder, antreten könne.

[…]

Eine Wendung der Dinge trat erst ein, als bei einer Durchsuchung des Hans Scholl'schen Zimmers mehrere 100 Briefmarken zu 8 Pfg. – postfrisch – und der Entwurf eines handschriftlich abgefaßten Flugblattes, das, wie sich später herausstellte, von der Hand des Christoph Probst stammte, vorgefunden wurde. Dies wurde mir am Abend des 18.2.43 mit dem Bemerken mitgeteilt, daß demnach Hans Scholl als der Verfasser und Verbreiter der Flugblätter in Frage komme.

Offen gesagt, ich war selbst über diese neuerliche Feststellung mehr erschrocken als mein Gegenüber, Fräulein Scholl, die zu jeder Zeit die Ruhe selber war. Was sich jetzt abspielte, ist mir in meiner 26jährigen Gendarmerie- und Polizeidienstzeit nicht ein zweites Mal begegnet. Sophie war krampfhaft bemüht, alle Schuld auf sich zu nehmen, um dadurch ihren Bruder, an dem sie offensichtlich mit letzter Hingabe hing, zu entlasten, wenn nicht zu retten. Ich habe keinen Zweifel, daß Sophie Scholl, wenn sie es vermocht hätte, ihr junges, hoffnungsvolles Leben zweimal hingegeben hätte, wenn sie ihrem Bruder dieses Ende hätte ersparen können. Umgekehrt war bei Hans Scholl die gleiche Bereitschaft festzustellen. Daß die hier zum Ausdruck gekommene Geschwisterliebe, diese Opferbereitschaft und Charakterstärke auf mich selbst wie auf alle die übrigen Beteiligten den stärksten Eindruck machte, brauche ich wohl nicht besonders hervorzuheben.

Beide, Sophie und Hans Scholl, waren sich der Tragweite ihrer Handlungsweise und der daraus erwachsenen möglichen Schlußfolgerung voll bewußt – trotzdem bewahrten beide bis zum bitteren Ende eine Haltung, die als einmalig bezeichnet werden muß. Übereinstimmend erklärten sie dem Sinne nach, sie hätten durch ihr Vorgehen nur das eine Ziel im Auge gehabt, ein noch größeres Unglück für Deutschland zu verhindern und vielleicht mit ihrem Teil dazu beizutragen, 100000enden von deutschen Soldaten und Menschen das Leben zu retten. Ja, wenn das Glück oder Unglück eines großen Volkes auf dem Spiele stehe, sei kein Mittel und Opfer zu groß, es freudig darzubringen. Sophie und auch Hans Scholl waren bis zuletzt davon überzeugt, daß ihr Opfer nicht umsonst sei.

Bei allem Pflichtbewußtsein der beteiligten Beamten, es handelte sich durchwegs um erfahrene Kriminalisten, ist es bei dieser Sachlage nur verständlich, daß die unglücklichen Opfer dieser Tragödie die ungeteilte Sympathie und Hochachtung, wenn nicht Wertschätzung, aller Beteiligten genossen. Demgemäß war auch die Behandlung denkbar gut und nachsichtig. Jeder von uns hätte gerade hier bei der charakterlichen Seelengröße der Betroffenen sehr gerne geholfen, wenn dies möglich gewesen wäre – statt sich, wie geschehen, auf kleine Aufmerksamkeiten zu beschränken. Mein Kollege sagte mir in jenen Tagen dem Sinne nach folgendes: »Bei Hans Scholl bin ich einer Intelligenz begegnet, wie sie mir in dieser prägnanten Form bis dahin fast fremd war. Ich bedauere, daß ich nach der Sachlage nichts für ihn tun kann.« Ich glaube mich sogar zu

erinnern, daß er (Kollege) mir im Vertrauen zu mir, von einem »Volksführer« sprach, wie wir ihn vielleicht in Zukunft notwendig brauchen könnten. Daran knüpfte er schließlich noch die Bemerkung, es sei furchtbar, daß solche Menschen sterben müßten…
Was Sophie Scholl anlangt, glaubte ich einen Weg gefunden zu haben, ihr wenigstens das Leben zu retten. Eigens zu diesem Zweck ließ ich sie mir, glaube ich, am 19.2.43 zur Vernehmung vorführen. Ich versuchte mit letzter Beredsamkeit Fräulein Scholl zu einer Erklärung zu veranlassen, die letzten Endes darauf hinaus hätte laufen müssen, daß sie ideologisch mit ihrem Bruder nicht konform war, sich vielmehr auf ihren Bruder verlassen habe, daß das was sie getan habe richtig sei, ohne sich selbst über die Tragweite der Handlungsweise Gedanken zu machen. Sophie Scholl erkannte sofort, wo ich hinauswollte, lehnte es jedoch entschieden ab, sich zu einer solchen oder ähnlichen Erklärung bereitzufinden. Es war dies in der Tat vielleicht die einzige Möglichkeit – eine Chance, wie Fräulein Gebel in ihrer Niederschrift sagt –, Sophie Scholl wenigstens das Leben zu retten. Ich konnte mich des Eindrucks nicht erwehren, daß sich Sophie Scholl wie eine Verräterin am eigenen Bruder vorgekommen wäre, wenn sie diesen »Strohhalm« hätte ergreifen sollen. Bei der charakterlichen Haltung der Sophie Scholl im allgemeinen, ist mir ihre Stellungnahme zu dieser Frage verständlich, auch wenn ich damals sehr enttäuscht darüber war, nicht zu dem von mir erstrebten Erfolg gekommen zu sein. …
Von höchster Stelle wurde auf einen möglichst raschen Abschluß der Ermittlungen gedrängt, weil eine Aburteilung, wie ja dann auch geschehen, schon in den nächsten Tagen vor dem Volksgerichtshof in München erfolgen sollte. Schon am Sonntag nach der Festnahme – es war dies, glaube ich, der 20.2.43 * – in den Nachmittagsstunden traf der Oberreichsanwalt in München ein, und es mußten zu diesem Zeitpunkt die Ermittlungsakten zur Übergabe bereitliegen. So erklärt es sich auch, daß die an der Vorermittlung beteiligten Personen – Beschuldigte sowohl als auch Kriminalbeamte – in diesen Tagen kaum zur Ruhe kamen. In richtiger Erkennt-

* der 21.2.43

nis der Sachlage habe ich Sophie Scholl schon vor der Überstellung in das Gerichtsgefängnis die Möglichkeit gegeben, sich vorsorglich von ihren Angehörigen, wenigstens brieflich zu verabschieden, weil später vielleicht nicht Zeit oder Gelegenheit dazu gegeben sein könnte.

Von Sophie und Hans Scholl lagen kurze Abschiedsbriefe an die Eltern, an Inge Scholl und von Sophie an ihren Verehrer oder Verlobten vor. Die Briefe enthielten warme Dankesworte für empfangene Wohltaten und Liebe, neben dem Hinweis, daß man nicht anders habe handeln können. In einem der Briefe war zum Ausdruck gebracht, daß die Zukunft freisprechen und rechtfertigen würde, was man jetzt verurteile. Die Briefe enthielten ferner Worte des Trostes und der Entschuldigung für den Schmerz, der den Hinterbliebenen habe zugefügt werden müssen. Schließlich zeugten sie von einer tiefen Gläubigkeit.

In einem der Briefe, vermutlich der Sophie an Inge Scholl waren Grüße an einen Professor Muth in Solln bei München aufgetragen. Von Sophie Scholl war mir bekannt, daß die Geschwister Scholl bei diesem Herrn Muth gelegentlich Besuche machten und daß sie diesen Herrn besonders schätzten und verehrten.

Auftragsgemäß mußte über den Inhalt der Abschiedsbriefe an das Reichssicherheitshauptamt in Berlin berichtet werden. Darauf wurde von dort angeordnet, daß die Briefe ausnahmslos zu den Akten zu nehmen seien, auf keinen Fall aber ausgehändigt werden dürften, weil im anderen Falle zu befürchten sei, daß der Briefinhalt propagandistisch verwendet werden würde. Schon aus dieser Anordnung, die in München nicht gebilligt wurde, geht hervor, daß der Inhalt der Briefe sich mit der Gesamthaltung deckte.

Zu der am 22.2.43 vormittags 10 Uhr angesetzten Gerichtsverhandlung des Volksgerichtshofes im Jusitzgebäude in München war ich mit noch einigen Kameraden, darunter Herr Mahler, als Zeuge geladen. Bei Aufruf des Falles mußten die Zeugen vorerst abtreten. Später wurde auf eine Vernehmung der Zeugen verzichtet, weil die Beschuldigten, wie nicht anders zu erwarten, in vollem Umfange geständig waren. Die Verhandlung selbst wurde durch den Vorsitzenden Freisler mit aller Schärfe durchgeführt. Besonders aufgefallen ist mir dabei, daß die Angeklagten kaum zu Wort kamen, sofern man einzelne Bemerkungen derselben nicht mit bissigen Worten abtat. Während der Verhandlung bemerkte ich, daß ein älteres Ehepaar in den Gerichtssaal drängte. Erst später erfuhr ich, daß dies die Eltern der Geschwister Scholl gewesen sind. Bekannt ist mir noch, daß Hans Scholl als Schlußwort ungefähr ausführte, daß er rückhaltlos zu seiner Tat stehe und daß der Tag komme, an dem jene auf der Anklagebank säßen, die sich heute als Richter aufspielten. Ich glaube sogar, daß dieses Schlußwort noch drastischer war. Es hat vielleicht sogar gelautet »Heute hängt ihr uns und morgen werdet es ihr sein« oder ähnlich.

Mit der Überstellung der Beschuldigten zum Gerichtsgefängnis und der Vorführung zur Verhandlung bzw. der Wiedereinlieferung in Stadelheim nach der Verhandlung hatte ich nichts zu tun. Dies wurde vom Gefängnispersonal und der blauen Polizei besorgt.

Am Nachmittag nach der Gerichtsverhandlung – 22.2.43 – etwa zwischen 14 und 15 Uhr begab ich mich nochmals ins Gefängnis in Stadelheim, wo ich erstmals mit den Eltern des Geschwisterpaares Scholl zusammentraf. Als ich auf dem Weg zu Sophie Scholl über den Flur des Gefängnisses ging, kam ich zufällig an Hans Scholl vorbei, der von einem Wärter vom Besuchszimmer vermutlich in seine Zelle geführt wurde. Ungeachtet der Aufsicht kam Hans Scholl auf mich zugelaufen, schüttelte mir die Hand mit den Worten, er habe gerade seinen Eltern aufgetragen, mir den Dank dafür auszusprechen, weil ich seine Schwester so gut behandelt habe, er sei nun froh darüber, diesen Dank persönlich abstatten zu können. Ich war darüber derart gerührt, daß ich kein Wort sagen konnte. Es sei denn, daß ich noch die Worte hervorbrachte: »Seien Sie auch jetzt stark.«

Sophie Scholl traf ich in der Wärterinnen-Zelle, wohin man sie nach dem Besuch ihrer Eltern gebracht hatte, erstmals seit ich mit ihr in Berührung kam, weinend. Sie entschuldigte sich ihrer Tränen, indem sie mir mitteilte: »Ich habe mich gerade von meinen Eltern verabschiedet und Sie werden begreifen.« Wie mir um diese Stunde selbst zumute war, kann man aus dem Zusammenhang ermessen.

Nach einigen Worten des Trostes habe ich mich von Sophie Scholl verabschiedet. Ich kann nur wiederholen, daß dieses Mädel, wie auch ihr Bruder, eine Haltung bewahrt hat, die sich nur durch Charakterstärke, ausgeprägte Geschwisterliebe und eine seltene Tiefgläubigkeit erklären läßt. Wie mir aus der Vernehmung erinnerlich, befaßten sich Sophie und auch Hans Scholl neben ihrem Studium eingehend mit Religions-Philosophie, ja ich hatte den Eindruck, daß sie in religiöser Hinsicht eigene Wege gingen. Wie dem auch sei, jedenfalls waren sie tiefgläubig.

Meinem früheren Bericht habe ich nachzutragen, daß wenige Tage nach der Verurteilung der Geschwister Scholl und Christoph Probst von Berlin aus die sogenannte »Sippenstrafe« [Sippenhaft] verfügt wurde. Eine derartige Maßnahme war uns bis dahin völlig fremd. Nach dieser Anordnung sollten die nächsten Angehörigen der Verurteilten in Schutzhaft genommen und ohne Ansehung der Person in ein KZ eingeliefert werden. Ich übertreibe nicht, wenn ich sage, daß wir alle über diese willkürliche, durch kein Gesetz gerechtfertigte Maßnahme entsetzt waren. Im Zuge dieser Anordnung wurden auch die Eltern Scholl in Ulm festgenommen...

So begab ich mich in das Gefängnis in Ulm, wo ich mir Robert Scholl zur Vernehmung vorführen ließ. Daß Herr Scholl – Vater – von den Vorgängen in München keine Ahnung hatte, habe ich bei meiner Vernehmung als gegeben unterstellt. Deshalb brauchte ich darauf überhaupt nicht einzugehen. Mir kam es lediglich, wie im Falle Sophie Scholl, auf eine Erklärung an, die darin gipfelte, daß Robert Scholl gesinnungsmäßig und nach seiner politischen Überzeugung mit dem Hochverratsfall nicht das mindeste zu tun haben kann. Meine Bemühungen in dieser Richtung schlugen fehl, denn Robert Scholl bewahrte mir gegenüber eine Haltung, die derjenigen seiner beiden Kinder in jeder Hinsicht gerecht wurde. Hätte ich das zu Papier gebracht, was mir der Vater Scholl als politische Meinung und Perspektive für die Zukunft unverblümt zum Ausdruck brachte, dann mußte mein Vorhaben zwangsläufig in das Gegenteil von dem umschlagen, was mir als Ziel meiner Aktion vorschwebte. Man hätte auch Robert Scholl den Prozeß gemacht und auch verurteilt. Mindestens aber hätte er als KZ-Häftling das

Helmut Fietz, ehemals Obermelker in Penzberg,
politischer Häftling im Gestapo-Gefängnis
Wittelsbacher Palais, Zellengenosse von Hans Scholl
während seiner Haft vom 18. bis 22.2.1943

Wahrscheinlich wollten sie Hans nicht alleine lassen, wegen Flucht-
oder Selbstmordversuch. Selbstmord wäre ihnen unangenehm gewesen, denn sie wollten aus Hans noch viel herauspressen und das
ganze »Nest ausheben«. Da haben sie sich gründlich getäuscht.
Hans und fliehen! Das hätte bedeutet, seine Freunde im Stich lassen
und sie einem dunklen Schicksal preisgeben.
Gerade das war ja seine schwerste Sorge in den letzten vier Tagen
während der langen Vernehmungen gewesen, wie er diese Freunde
entlasten konnte.
Einmal kam er nach einem stundenlangen Verhör furchtbar nieder-
geschlagen und traurig in die Zelle zurück. Er sagte: »Jetzt muß ich
vielleicht einen Namen verraten. Ich weiß nicht mehr, wie ich es
umgehen kann.« Schweren Herzens sah er der nächsten Vernehmung entgegen. Aber fröhlich und in fast übermütiger Freude
kehrte er nach wenigen Stunden wieder zurück. »Es ging wunderbar, sie haben keinen Namen herausgekriegt«, sagte er glücklich.
Er konnte in diesen Tagen oft so fröhlich sein. Und manchmal
sprach er lustige Verse oder sagte Dinge, die ich nicht recht verstehen konnte. Zum Beispiel: »Die Sonne prallt.« Als ich ihm darauf
widersprach: »Die Sonne prallt doch nicht, sie scheint« (sie schien
in diesen Vorfrühlingstagen ja mit einer ungewöhnlichen Wärme
und Ausdauer), sagte er übermütig und triumphierend: »Wenn ich
dir sage, sie prallt, dann prallt sie.« Und dann zog er sich zu dem
hochliegenden kleinen Gitterfenster empor und verrenkte sich den
Hals, um einen Strahl Sonne oder ein Stückchen Himmel zu erhaschen. Aber solche Stimmungen wichen oft sehr ernsten Stunden,
und ich spürte wohl immer, gerade auch durch die Heiterkeit hindurch, wie schwer Hans an seiner Verantwortung trug.
Hans war immer gut zu mir. Nur manchmal bat er mich, nicht zu
reden und ihn ganz für sich zu lassen. Die ganzen Nächte brannte
helles Licht in der Zelle. Man wußte im Gefängnis, daß in diesen

hell erleuchteten Zellen die Todeskandidaten wohnten. Hans je- doch beunruhigte dies Wissen nicht, er rechnete vom zweiten Tag an fest mit dem Todesurteil.

Schließlich kam der letzte Morgen. Hans trug mir noch Grüße an die Eltern und Freunde auf. Dann gab er mir die Hand, gütig und feierlich, und sagte: »Nun, wir wollen uns jetzt verabschieden, so- lange wir noch allein sind.« Darauf drehte er sich still der Wand zu und schrieb mit einem eingeschmuggelten Bleistift etwas an die weiße Gefängnismauer. Es war eine unbeschreibliche Stille in der Zelle. Kaum hatte er den Bleistift aus der Hand gelegt, da rasselten die Schlüssel und die Tür ging auf. Die Kommissare legten ihm Fesseln an und führten ihn zur Verhandlung.

Die Worte, die er noch an die Wand geschrieben hatte, hießen: »Allen Gewalten zum Trotz sich erhalten.«

Nach den mündlichen Berichten von Helmut Fietz, wahrscheinlich Herbst 1945 oder Frühjahr 1946

## Dr. Leo Samberger, damals Jurastudent und Gerichtsreferendar in München

Eines Tages, es war der 16. Februar 1942, lag in meinem Briefkasten ein zum Brief gefaltetes Flugblatt. Ich habe es gelesen und meinen Augen nicht getraut: Hier war offen ausgesprochen, was alle Einsichtigen dachten. Ich war fasziniert von dem Inhalt und begeistert von dem Mut der tapferen Schreiber, die um einer hohen Idee willen so offensichtlich ihr Leben aufs Spiel setzten.

Auch waren in diesen Tagen allenthalben, vor allem an den Wänden der Hauptfront der Universität, über Nacht mit meterhohen Buchstaben in leuchtender Farbe die Worte »Freiheit« und »Nieder mit Hitler« aufgemalt worden – rechts und links vom Haupteingang der Universität besonders auffallend. Nach wenigen Stunden war dort eine Kolonne von eifrigen Putzfrauen, unterstützt von übereifrigen Systemanhängern dabei, die Schrift zu beseitigen. Sie machten dies geschickterweise gerade so, daß sie den Buchstaben entlang die Farbe wegfegten, so daß die Schrift für lange Zeit zwar nicht mehr in Farbe, aber durch die Aufhellung der Striche als stilles Mahnmal zu sehen war, das Krieg und Niederlage überstand.

Am 18. Februar, zwei Tage, nachdem ich das Flugblatt bekommen hatte – mit dem roten Kopf des Führers als Briefmarke –, war ich in meinem gewohnten juristischen Seminar auf der Universität. Plötzlich, am späten Vormittag, hörte ich in den Gängen ein nervöses Hin- und Herrennen. Ich versuchte zu erfahren, was los war und fand eine allgemeine Panik und Aufregung vor. Studenten hatten von der oberen Galerie des Lichthofs Bündel von Flugblättern herabgeworfen. Die Universität wurde sofort abgesperrt, damit ja kein Schuldiger entweichen konnte. Das Hauspersonal und willige Helfer waren im Großeinsatz bemüht, diese unerhörten Produkte einzusammeln und zu vernichten. Man erfuhr, daß die Täter alsbald durch das »mutige Zupacken« eines Hausmeisters namens Schmid gefaßt und festgehalten wurden. Ihre Verhaftung und Abführung folgte.

Wenige Tage danach schon, am 22. Februar, wurde mit der hektisch-ängstlichen Eile des Systems durch den eigens in Großbesetzung aus Berlin herbeigeeilten Volksgerichtshof den Schuldigen der Prozeß gemacht, dessen Ergebnis feststand, noch ehe ein Wort gesprochen worden war.

War es Zufall oder Fügung – die Verhandlung war längst, wohl um 9 Uhr, eröffnet –, als ich bei meinem Zigarettenhändler in der Nähe des Justizpalastes erfuhr, daß soeben einige Studenten wegen ihrer aufrührerischen Aktionen vor Gericht standen.

Ich ging umgehend in den Schwurgerichtssaal – es war etwa 10.30 Uhr, der Prozeß war in vollem Gange. In der Nähe des Eingangs blieb ich stehen. Der Saal war dicht besetzt. Man sah überall angespannte Gesichter. Ich glaubte festzustellen, daß die meisten bleich waren vor Angst. Vor jener Angst, die sich vom Richtertisch her ausbreitete. Mag sein, daß unter den Zuschauern auch erschütterte Parteigläubige waren und Spitzel, deren Blässe aus anderen Gefühlen stammen mochte...

Was mich persönlich erschütterte, war, daß die Angeklagten, obwohl ich sie nicht persönlich kannte, mir wohlvertraute Gesichter waren aus den Münchener Konzertsälen, in denen gerade in jenen Jahren so viele Menschen bei der Musik Haydns, Mozarts und Beethovens Stärkung und Zuflucht suchten.

Die Haltung der Angeklagten machte wohl nicht nur mir einen tiefen Eindruck. Da standen Menschen, die ganz offensichtlich von ihren Idealen erfüllt waren. Ihre Antworten auf die teilweise unverschämten Fragen des Vorsitzenden, der sich in der ganzen Verhandlung nur als Ankläger aufspielte und nicht als Richter zeigte, waren ruhig, gefaßt, klar und tapfer.

Lediglich an körperlichen Reaktionen konnte man das Übermaß an Anspannung erkennen, dem sie standhalten mußten. Hans Scholl, der aufrecht stand, wurde plötzlich bis zur Ohnmacht blaß, ein Schütteln durchlief seinen Körper. Er warf seinen Kopf zurück und schloß die Augen. Aber er fiel nicht um, sondern gab seine nächste Antwort mit fester Stimme. Seine Schwester Sophie und sein Freund Christoph Probst, der für die Zuschauer etwas verdeckt war, zeigten dieselbe standhafte Haltung.

Die empörende Gesamttendenz des Vorsitzenden Freisler war, die Angeklagten immer wieder als eine Mischung von Dümmlingen und Kriminellen hinzustellen, wenn ihm dies bei ihrer Erscheinung auch sehr schwerfallen mußte. Er sprach sogar irgendwann von Diebstahl, etwa als es um Papierbeschaffung ging. Es mußte eben jeder Verdacht zerstört werden, daß es sich um ehrenhafte Täter mit dem großen Ziel, das Volk zu Pflicht und Freiheit aufzurütteln, handeln könne. Aber diese Märtyrer ließen sich – in den letzten Stunden ihres Lebens – nicht kleinkriegen.

Nach dieser für die Justiz auf lange Zeit so beschämenden Vernehmung der Angeklagten – sie hat heute noch ihren Schock und Komplex davon –, nach dieser heuchlerischen und beleidigenden Verhandlungsführung klangen die Worte des Anklägers, eines Oberreichsanwaltes, der erwartungsgemäß den Tod der drei Revolutionäre forderte, sachlich und relativ milde.

Die folgenden knappen Worte der Pflichtverteidiger ließen kein echtes Bemühen erkennen, das Möglichste für die von ihnen Vertretenen zu tun. Der Verteidiger Hans Scholls etwa beteuerte, daß man einfach nicht versteht, wie Menschen derartiges machen konnten, dessen man sich schämen sollte.

Nach diesem Versagen der Verteidigung drängte sich ein Mann in mittleren Jahren erregt auf dem Gang durch die Zuschauerreihe nach vorne und versuchte zunächst durch Vermittlung des Pflichtverteidigers und, als dies mißlang, selbständig, sich zu Wort zu melden. Es war der Vater der Geschwister Scholl, der offensichtlich für Gestapo und Veranstalter unprogrammgemäß im Verhandlungssaal war und nun mit letzter Verzweiflung dem Gericht Gedanken nahezubringen versuchte, die zugunsten der Angeklagten, seiner Kinder, zu werten waren. Er machte einige weitere verzweifelte Ansätze, sich Gehör zu verschaffen. Als Freisler die für ihn störende Situation erkannte, verbot er den anwesenden Eltern – es zeigte sich, daß auch die Mutter dabei war – die weitere Anwesenheit und ließ sie hinausführen.

Es war wohl gegen 13.30 Uhr, als sich die Richter zur Beratung zurückzogen. In dieser Pause ließ sich jener widerliche Universitätspedell, der im feierlichen Anzug zu seiner großen Schau als Zuschauer erschienen war, von seiner Umgebung als heimlicher Held bewundern und feiern.

Nach kurzer Beratung füllte sich der Saal wieder. Niemand wollte versäumen, dieses Sensationsurteil zu hören. Und so blieben schließlich vor dem Saal auf dem weiten Gang allein zwei Leute stehen, die des Saales verwiesenen Eltern der Geschwister Scholl. Meine Empörung und mein Mitgefühl hatten ihr volles Maß erreicht. Ich kehrte um, während die Türen geschlossen wurden, und ging auf die Eltern zu. Ich stellte mich vor als Gerichtsreferendar, sagte mit wenigen Worten, wie mich dieses Verfahren angeekelt hätte, und bot in dieser verzweifelten Lage den Eltern Scholl meine Hilfe an. Wobei es mir wohl klar war, daß es hier überwiegend nur noch um menschliche Hilfe gehen konnte. Während im Saal das Urteil verkündet wurde, sprachen wir über das Verfahren.

Alsbald ging die Tür auf. Die Zuschauer kamen heraus. Das erwartete Urteil wurde uns bestätigt. Die Eltern trugen es mit bewunderungswürdiger äußerer Fassung. Der Vater versuchte, seinem höchsten Entsetzen noch durch laute Worte Luft zu machen. Ich riet ihm dringend zur Ruhe, um die Katastrophe nicht noch zu vergrößern. Dann kam auch der Pflichtverteidiger des Hans Scholl auf die Eltern zu. Er sprach kein Wort des Bedauerns und zeigte keine Geste des Mitgefühls. Er brachte es fertig, den Eltern in dieser Situation auch noch Vorwürfe darüber zu machen, daß sie »ihre Kinder so schlecht erzogen« hätten.

Ich riet nun dem Vater Scholl auf seine Frage, was überhaupt noch zu tun bleibe, umgehend mit mir zum Generalstaatsanwalt zu gehen, um ein Gnadengesuch einzureichen. Wir kamen in das Vorzimmer und eine Sekretärin nahm dieses Gesuch zu Protokoll. Mit Mühe konnte noch erreicht werden, daß der Vater Scholl den Generalstaatsanwalt selbst sprach. Trotz Weiterleitung der Bitte durch den Generalstaatsanwalt ließ sich der Oberreichsanwalt selbst, wie zu befürchten war, nicht sprechen.

Ich verabschiedete mich und gab dem Vater Scholl meine Telefonnummer und Adresse mit der Aufforderung, mich umgehend anzurufen, wenn er noch etwas bräuchte. Ich ging nach Hause und war mir der Gefahr bewußt, in die ich mich bei dem hysterischen

Suchen nach Mitverschworenen begeben hatte durch mein Verhalten. In meiner Wohnung verräumte ich alles, was hätte Verdacht erregen können.

Nach wenigen Stunden rief mich Vater Scholl an und bat mich um ein Treffen. Wir verabredeten und trafen uns etwa um 18.30 Uhr in der Gaststätte »Humpelmayr«. Außer den Eltern war noch der jüngere Bruder Scholl, der gerade auf Fronturlaub war und eine dem Kreise nahestehende, dem Hans Scholl befreundete Studentin dabei, die dann im nächsten Verfahren selbst vor Gericht stand. Alsbald bat mich Vater Scholl, das noch ausstehende Gnadengesuch für den Mitverurteilten Christoph Probst zu schreiben. Dieses sollte gleich am nächsten Morgen der am Tegernsee im Wochenbett liegenden Frau des Christoph Probst zur Unterschrift gebracht werden, so daß es dann umgehend eingereicht werden konnte.

Als ich kaum dem Vater Scholl das Gnadengesuch ausgehändigt hatte, erfuhr ich von einem Bekannten, der zufällig an einem der Nebentische saß, daß im Radio bekanntgegeben wurde, die Todesurteile seien schon um 17 Uhr vollstreckt worden. Ich brachte es an diesem Abend nicht fertig, der Familie dies noch zu sagen. Wir saßen anschließend einige Stunden zusammen und sprachen über das Schreckliche des Tages. Daneben versuchte ich zu beruhigen und abzulenken. Dann, etwa um 22 Uhr, brachten wir die Eltern zum Zug nach Ulm, und in den stillen Straßen des nächtlichen Münchens stand ich noch kurz mit dem später auch in Rußland gefallenen Bruder Scholl; dann gingen wir auseinander.

Pfarrer Dr. Karl Alt, München,
evangelischer Gefängnisgeistlicher am
Vollstreckungsgefängnis München-Stadelheim

Wie sie starben
Die letzten Stunden der Geschwister Scholl

Am 22. Februar 1943 wurden die Geschwister Scholl wegen Abfassung und Verbreitung antinationalsozialistischer Flugblätter vom
Volksgerichtshof in München zum Tode verurteilt und noch am
gleichen Tage im Gefängnis mit dem Fallbeil getötet...
Christoph Probst, der ungetauft war, ließ sich noch in dieser letzten
Stunde von dem katholischen Gefängnisgeistlichen taufen und die
Sterbesakramente reichen. Ich selbst war fernmündlich und eiligst
zu den Geschwistern Scholl gerufen worden. Bebenden Herzens
betrat ich die Zelle des mir völlig unbekannten Hans Scholl – wie
sollte ich ihm in dieser allzu kurz bemessenen Frist seelsorgerlich
nahekommen, daß ich ihn und seine Schwester richtig zu diesem
furchtbaren Ende bereitete? Welches Schriftwort mochte gerade ihr
Herz in dieser Lage am besten ergreifen und festigen für ihren letzten Gang? Aber Hans Scholl enthob mich aller Zweifel und Sorge.
Nach kurzem Gruß und festem Händedruck bat er mich, ihm zwei
Bibelabschnitte vorzulesen: das »Hohe Lied der Liebe« aus I. Ko-
rinther, Kapitel 13 und den 90. Psalm: »Herr Gott, du bist unsere
Zuflucht für und für. Ehe denn die Berge wurden und die Erde und
die Welt geschaffen wurden, bist du Gott, von Ewigkeit zu Ewigkeit. Der du die Menschen lässest sterben und sprichst: Kommt
wieder Menschenkinder! Denn tausend Jahre sind vor dir wie der
Tag, der gestern vergangen ist, und wie eine Nachtwache...«
Ich las zunächst mit Hans laut dieses »Gebet Moses', des Mannes
Gottes«, wie die Überschrift des 90. Psalms in der Lutherbibel lau-
tet, mit dem abschließenden Flehen: »Lehre uns bedenken, daß wir
sterben müssen, auf daß wir klug werden. Herr, kehre dich doch
wieder zu uns und sei deinen Knechten gnädig... Erfreue uns nun
wieder, nachdem du uns so lange plagest, nachdem wir so lange
Unglück leiden...«

Das betete Hans Scholl nicht nur für sich, sondern für sein geplagtes, unglückliches Volk.

Den andern gewünschten Bibelabschnitt aus dem ersten Korintherbrief legte ich meiner Beicht- und Abendmahlsvermahnung zugrunde, denn beide Geschwister begehrten – wie es vor allen Hinrichtungen üblich ist – den Empfang des Altarsakraments. Ich ging davon aus, daß sich jetzt das Wort des Heilandes erfülle: »Niemand hat größere Liebe denn die, daß er sein Leben läßt für seine Freunde.« Auch der ihnen bevorstehende Tod sei, so sagte ich, ein Lebenlassen für die Freunde, ein Opfertod fürs Vaterland genau so wie der an der Front, nur daß durch ihn viele gewarnt werden sollen vor weiterem wahnwitzigen Blutvergießen. Einer aber habe für die ganze Menschheit wie ein Verbrecher den schmählichen Tod am Kreuzesgalgen erlitten. ER sei auch für uns gestorben und habe durch seinen Opfertod uns den Eingang zum ewigen Leben geöffnet, so daß uns »kein Tod töten« kann... Die Liebe und Gnade Christi aber verlange und ermögliche es auch, daß wir selbst unsere Feinde lieben und unseren ungerechten Richtern verzeihen können. Von dieser geradezu übermenschlich anmutenden Liebe rede der Apostel im 13. Kapitel des I. Korintherbriefes, das seinen Hymnus mit den Worten beginnt: »Wenn ich mit Menschen- und mit Engelzungen redete, und hätte der Liebe nicht, so wäre ich ein tönend Erz und eine klingende Schelle...« Und so beteten wir miteinander Vers für Vers dieses Preises der Agape. Als wir zu den Worten kamen: »Die Liebe ist langmütig und freundlich... sie läßt sich nicht erbittern, sie rechnet das Böse nicht zu...« fragte ich ausdrücklich, ob dies wirklich zutreffe und kein Haß noch Bitterkeit auch gegenüber den Verklägern und Richtern das Herz erfülle. Fest und klar lautete die Antwort: »Nein, nicht soll Böses mit Bösem vergolten werden, und alle Bitterkeit ist ausgelöscht.« Angesichts solcher eigens betonter Gesinnung konnte die Absolution leichten Herzens erteilt werden und das Mahl der Liebe und Vergebung, das nach der Lehre der Kirchenväter und Luthers auch ein »Heilmittel gegen den Tod und für die Unsterblichkeit« ist, wahrhaft im Geiste und Sinne seines Stifters gefeiert werden. Die Armesünderzelle weitete sich zum heiligen Gottestempel. Man vermeinte das Flügelrauschen der Engel Gottes zu vernehmen, die sich bereiteten, die Seelen versöhnter Gotteskinder emporzuführen in den Saal der Seligkeit. – Wer so stirbt, der stirbt wohl – auch wenn sein Haupt unter dem Henkerbeile fällt.

In ähnlicher Weise vollzog sich auch die Abschiedsstunde der ebenso lieblichen wie tapferen Schwester Sophie. Sie hatte vormittags noch vor dem Volksgerichtshof unerschrocken ausgerufen: »Was wir schrieben und sagten, das denken Sie alle ja auch, nur haben Sie nicht den Mut, es auszusprechen« – wogegen erstaunlicherweise nicht einmal der Oberreichsanwalt Einspruch erhob! Jetzt erklärte sie, es sei ihr gänzlich gleichgültig, ob sie enthauptet oder gehenkt würde. Sie hatte bereits ihren Eltern und ihrem Freunde, einem 25jährigen Hauptmann, der nichtsahnend infolge einer bei Stalingrad erlittenen Verwundung in einem Frontlazarett lag, Abschiedsbriefe geschrieben, die nicht angekommen sind. Ohne eine Träne zu vergießen, feierte auch sie das heilige Mahl, bis der Wächter an die Zellentür pochte und sie hinausgeführt wurde, wobei sie aufrecht und ohne mit der Wimper zu zucken noch ihre letzten Grüße an den ihr unmittelbar folgenden, innigst geliebten Bruder ausrichtete.

Dessen Abschiedsbrief, der ebenfalls nicht weitergeleitet wurde, enthielt folgende Sätze:

»Meine allerliebsten Eltern! ... Ich bin ganz stark und ruhig. Ich werde noch das heilige Sakrament empfangen und dann selig sterben. Ich lasse mir noch den 90. Psalm vorlesen. Ich danke Euch, daß Ihr mir ein so reiches Leben geschenkt habt. Gott ist bei uns. Es grüßt Euch zum letzten Male Euer dankbarer Sohn Hans.«

Dies war *vor* dem Sakramentsempfang geschrieben worden. Nach demselben wurde noch, während ich bei Sophie weilte, hinzugefügt:

»P.S. Jetzt ist alles gut! Ich habe noch die Worte des I. Korintherbriefes gehört: ›Wenn ich mit Menschen- und mit Engelzungen redete und hätte der Liebe nicht, so wäre ich ein tönend Erz und eine klingende Schelle...‹«

Bevor er das Haupt auf den Block legte, rief er noch mit lauter Stimme:

*»Es lebe die Freiheit!«* – – –

So starben die Geschwister Scholl. –

Zwei Tage später wurden die beiden abends im abgeschlossenen Friedhof am Perlacher Forst unter Aufsicht der Gestapo zu Grabe getragen. Schneeweiß leuchteten die Berggipfel des Zugspitzmassives herüber, glutrot ging der Sonnenball unter. Nur Weniges konnte und durfte vor dem engsten Familienkreis verkündet werden. Es wurde auf die Berge hingewiesen, »von denen uns Hilfe kommt« in allen Nöten, und auf *die* Sonne, die nie untergeht, sondern auch in die traurigsten und dunkelsten Herzen Trost und Kraft hineinstrahlt...

## Rechtsanwalt Dr. Siegfried Deisinger, München
## Verteidiger von Alexander Schmorell

Als ich Alexander Schmorell an seinem Todestage, dem 13. Juli 1943, nachmittags besuchte, um ihn auf seinem letzten Gang zu begleiten, da traf ich in der Todeszelle einen Menschen an, der eben vorher die letzten Tröstungen seiner Religion empfangen und alles Irdische schon weit von sich geworfen hatte. Unvergeßlich sind mir seine Worte, die er fast heiter zu mir sprach: »Sie werden erstaunt sein, mich in dieser Stunde so ruhig anzutreffen. Aber ich kann Ihnen sagen, daß ich selbst dann, wenn Sie mir jetzt die Botschaft brächten, ein anderer, z.B. der Wachtmeister hier, der mich zu bewachen hat, sollte für mich sterben, ich trotzdem den Tod wählen würde. Denn ich bin jetzt überzeugt, daß mein Leben, so früh es auch erscheinen mag, in dieser Stunde beendet sein muß, da ich durch meine Tat meine Lebensaufgabe erfüllt habe. Ich wüßte nicht, was ich noch auf dieser Welt zu tun hätte, auch wenn ich jetzt entlassen würde.«

...

Und dann kam der Augenblick, wo auch ich als Verteidiger die Zelle verlassen mußte, da die Todesstunde herannahte und die letzten Vorbereitungen für die Vollstreckung des Urteils begannen. Stark und tapfer verabschiedete sich Alexander Schmorell von mir. Sein letzter Gruß galt seinen Angehörigen. Aus ihm sprach so recht die innige Sohnes- und Bruderliebe, von der er erfüllt war.

Ich begab mich in das Kommissionszimmer des Gefängnisses, wo sich die Gerichtskommission vor der Urteilsvollstreckung zu versammeln pflegte. Der Zeitpunkt der Vollstreckung war auf 17 Uhr festgesetzt. Ungefähr eine Viertelstunde vorher erschienen zur allgemeinen Überraschung drei SS-Offiziere im Rang eines Oberstleutnants bzw. eines Majors und wiesen die schriftliche Genehmigung des Generalstaatsanwalts und der Gestapo vor, der Urteilsvollstreckung auf ihren eigenen Antrag hin beiwohnen zu dürfen. Es war diese Genehmigung eine besondere Ausnahme, da bei einer

Vollstreckung grundsätzlich die Anwesenheit dritter Personen, selbst von Gefängnisbeamten, strengstens untersagt war. Unvergeßlich wird mir das Gesprächsthema bleiben, das diese SS-Offiziere mit dem zur Gerichskommission gehörenden Gefängnisarzt führten. Sie unterhielten sich nämlich über den Zeitpunkt des Eintritts des Todes bei einer Vollstreckung durch den Strang und über die Möglichkeiten, diesen je nach Wunsch schneller oder langsamer eintreten zu lassen. Offenbar hatten sie erwartet, daß auch an diesem Tage die Vollstreckung durch den Strang vorgenommen werde und waren wohl innerlich enttäuscht, als sie erfuhren, daß dies nicht der Fall war. Bezeichnend war auch, daß die Vollstreckung des Urteils eigens einige Zeit zurückgestellt werden mußte, weil es der Gefängnisdirektor für nötig erachtete, vorher noch im Hinrichtungsraum zusammen mit dem Scharfrichter den drei SS-Offizieren einen Vortrag über das Alter, die Einrichtung und die Wirkungsweise der Hinrichtungsmaschine zu halten. Es waren für mich, der ich eben noch in der Todeszelle bei einem der Todgeweihten geweilt hatte, fürchterliche Minuten: Auf der einen Seite der Idealismus und die sittliche Größe eines jungen Menschenlebens, das bereit war in wenigen Augenblicken dafür zu sterben, auf der andern die lüsterne Gier des Untermenschentums nach dem Anblick der Tötung eines wehrlosen Opfers.

Und dann ging Alexander Schmorell seinen letzten Gang. Fest und laut erklang sein »Ja« in dem dumpfen Hinrichtungsraum, als ihn der amtierende Staatsanwalt fragte, ob er Alexander Schmorell sei. Rasch traf mich noch ein letzter grüßender Blick von ihm und schon wenige Sekungen später war Alexander Schmorell nicht mehr.

Zutiefst erschüttert verließ ich den Raum. Als ich in den Gefängnisgang zurückkehrte, kam ich an der Todeszelle des Professors Dr. Huber vorbei. Er war das nächste Opfer, das dem Moloch Hitler gebracht werden mußte. Und schon wurde auch er aus seiner Zelle geführt, nachdem er noch laut dem Gefängnisgeistlichen einen letzten Hoffnungsgruß auf ein Wiedersehen in einer andern, besseren Welt zugerufen hatte. Der Geistliche begab sich an das Gangfenster, von dem aus man zu dem gegenüberliegenden kleinen

REAKTIONEN UND STIMMEN

# Thomas Mann in der periodischen Rundfunksendung
## ›Deutsche Hörer!‹ vom BBC, London

Ich sage: Ehre den Völkern Europas! Und ich füge etwas hinzu, was im Augenblick manchem, der mich hört, befremdlich klingen mag: Ehre und Mitgefühl auch dem deutschen Volk! Die Lehre, daß man zwischen ihm und dem Nazitum nicht unterscheiden dürfe, daß deutsch und nationalsozialistisch ein und dasselbe seien, wird in den Ländern der Alliierten zuweilen, nicht ohne Geist, vertreten; aber sie ist unhaltbar und wird sich nicht durchsetzen. Zuviele Tatsachen sprechen dagegen. Deutschland hat sich gewehrt und fährt fort, sich zu wehren, so gut wie die anderen.

Jetzt ist die Welt zutiefst bewegt von den Vorgängen an der Münchener Universität, wovon die Nachricht durch Schweizer und schwedische Blätter, erst ungenau, dann mit immer ergreifenderen Einzelheiten zu uns gedrungen ist. Wir wissen nun von Hans Scholl, dem Überlebenden von Stalingrad*, und seiner Schwester; von Adrian [Christoph] Probst, dem Professor Huber und all den anderen; von dem österlichen Aufstand** der Studenten gegen die obszöne Ansprache eines Nazi-Bonzen im Auditorium maximum, von ihrem Märtyrertod unterm Beil, von der Flugschrift, die sie verteilt hatten, und worin Worte stehen, die vieles gut machen, was in gewissen unseligen Jahren an deutschen Universitäten gegen den Geist deutscher Freiheit gesündigt worden ist. Ja, sie war kummervoll, die Anfälligkeit der deutschen Jugend – gerade der Jugend – für die nationalsozialistische Lügenrevolution. Jetzt sind ihre Augen geöffnet, und sie legen das junge Haupt auf den Block für ihre Erkenntnis und für Deutschlands Ehre – legen ihn dorthin, nach-

---

\* Hans Scholl war nicht in Stalingrad, sondern an einer anderen Stelle der Front als Sanitäter eingesetzt. Vermutlich eine Verwechslung mit Sophies Freund Fritz Hartnagel. (Anm. d. Red.)

\** Gemeint ist der Protest der Studentinnen und Studenten bei einer Rede von Gauleiter Gießler im Januar 1943 und der späteren Flugblattverbreitung der Geschwister Scholl am 18.2. (Anm. d. Red.)

dem sie vor Gericht dem Nazi-Präsidenten ins Gesicht gesagt:
»Bald werden Sie hier stehen, wo ich jetzt stehe«, nachdem sie im
Angesicht des Todes bezeugt: Ein neuer Glaube dämmert an Frei-
heit und Ehre.

Brave, herrliche Leute! Ihr sollt nicht umsonst gestorben, sollt
nicht vergessen sein. Die Nazi haben schmutzigen Rowdies, gemeinen Killern in Deutschland Denkmäler gesetzt – die deutsche
Revolution, die wirkliche, wird sie niederreißen und an ihrer Stelle
eure Namen verewigen, die ihr, als noch Nacht über Deutschland
und Europa lag, wußtet und verkündetet: »Es dämmert ein neuer
Glaube an Freiheit und Ehre.«

Mai 1943

Flugblatt des Nationalkomitees ›Freies Deutschland‹,
einer Organisation kriegsgefangener
deutscher Soldaten in Rußland

*Senkt die Fahnen*
über frischen Gräbern
deutscher Freiheitskämpfer!

Vor kurzem erreichte uns die Schreckenskunde, in München wurden Ende Februar drei jugendliche Deutsche hingerichtet – die Geschwister Hans und Sophie Scholl und Christoph Probst.

Die drei gehörten zu den edlen und mutigen Vertretern der deutschen Jugend, die nicht mehr gedankenlos in sturer Demut, die schrecklichen Leiden ihres Vaterlandes miterleben wollten.

Sie waren Studenten an der Münchener Universität, Hans Scholl kam erst vor wenigen Monaten von der Ostfront auf Studienurlaub. Er war tapferer Soldat gewesen – Inhaber des Verwundetenabzeichens, des EK II und der Ostmedaille.*

Geführt von Hans Scholl rollten die Münchener Studenten als erste die Fahne der Freiheit öffentlich auf. Sie verbreiteten Flugschriften und organisierten eindrucksvolle Kundgebungen**

gegen Gestapo-Terror und Massenbetrug –

gegen Totalmobilisation, die totale Verelendung des deutschen Volkes bedeutet –

gegen die schlemmenden und prassenden Etappenhengste der SS, SA und der Hitlerschen Bonzokratie –

gegen Kriegshetzer und Kriegsverlängerer, die in unersättlicher Profitgier oder in sturer, fanatischer Ergebenheit für Hitler Millionen deutscher Männer verbluten lassen –

gegen das gesamte willkürliche, auf Weltherrschaft und Völkerversklavung erpichte Hitlerregiment, das die maßlosen Leiden des Totalkrieges, die massierten Luftangriffe, Ruin und Elend auf Deutschland heraufbeschworen hat –

* Hans Scholl war nicht Inhaber dieser Auszeichnung und hätte sich auch nicht auszeichnen lassen. (Anm. d. Red.)
** Kundgebungen organisierten sie nicht. (Anm. d. Red.)

gegen den Völkerbetrüger und wahnwitzigen Auch-Feldherrn Hitler, der durch seine abenteuerliche Eroberungspolitik, Rassenhetze und blutige Terrorisierung der besetzten Gebiete, den Völkerhaß gegen Deutschland provozierte, der die deutsche Familie, die deutsche Bauernschaft und den deutschen Mittelstand ruiniert und zersetzt, Deutschland mit Ausländern überschwemmen läßt, die Grundlagen der Existenz und des Werdegangs der deutschen Nation zermürbt und untergräbt.

So lauteten die Parolen der Jugendkundgebungen* in München im Februar 1943.

Diese Kundgebungen wurden durch die SS gesprengt, mehrere Studenten wurden verhaftet, brutal mißhandelt und vors Kriegsgericht gestellt.**

Man beschuldigte sie, sie seien »Volksschädlinge« und »Kommunisten«.

»Ich bin kein Kommunist, ich bin Deutscher«, sagte vorm Gericht Hans Scholl.

Und als Deutscher, als Frontsoldat, als ein Mann, der um das Schicksal seiner Heimat und seines Volkes besorgt ist, trotzte der tapfere, junge Freiheitskämpfer todesmutig seinen Richtern.

»Ihr könnt mich hinrichten, aber es kommt der Tag und Ihr werdet die Gerichteten sein, das Volk, die deutsche Heimat wird Euch richten!«

Das Beil des Hitlerschen Henkers sauste drei Mal nieder und drei junge Köpfe rollten vom Richtblock.

Drei Helden starben, doch ihr Geist, ihre Liebe und ihr Haß, ihr Kampf für Frieden und Freiheit Deutschlands leben in Hunderttausenden und Millionen junger deutscher Herzen weiter...

Unsterblich bleibt der Ruhm der Tapferen!

Ulm – die Vaterstadt der Geschwister Scholl, und München – ihre Kampf- und Todesstätte, werden einst in Dank und Ehrfurcht ihre Heldendenkmäler einweihen.

»Deutschland hofft auf seine Jugend!«

---

* Gemeint sind die Flugblätter. (Anm. d. Red.)
** Im Januar 1943 hatte es in der Universität einen spontanen Protest der Studenten bei einer Kundgebung von Gauleiter Gießler gegeben. (Anm. d. Red.)

sprach in seiner letzten Rede Scholl.*

»Wie einst in dem Freiheitskriege 1813–1814, muß auch jetzt die deutsche Jugend ihr Vaterland von einer schändlichen Tyrannei, von Schmach, Elend und Kriegsausbeutung retten« [...].

Junge Deutsche im Waffenrock!

Erhöret den Weckruf der Freiheitshelden aus dem fernen München. Durch ihn spricht zu Euch Eure unglückliche Heimat.

Die schlimmsten Feinde und Verderber Deutschlands stehen hinter Euch, ja befehligen Euch und hetzen Euch in den selbstmörderischen, verhängnisvollen Kampf!

Erkennet die Wahrheit, erkennet den wahren Feind! Nur ihr allein könnt Volk und Heimat vor Ruin und Elend retten.

Offiziere und Soldaten!

Laßt Euch nicht mehr durch erlogene Hetzparolen, sondern durch eigene Vernunft, Gewissen und Heimatliebe leiten.

Für ein freies und friedliches Deutschland!

Für Erhaltung und Wohlstand des deutschen Volkes, der deutschen Familie!

Kämpft gegen Hitlerkrieg und Himmlerterror!

Kämpft gegen Göring-Krupp-Kriegsprofite und Goebbels-Ley-Lügen!

Kämpft gegen Völkerhaß und Totalkrieg!

Macht Schluß mit dem Krieg! Stürzt Hitler!

Deutsche Jugend erwache!

---

* Gemeint ist das letzte Flugblatt. (Anm. d. Red.)

## Kurt R. Großmann, Rechtsanwalt, deutscher Emigrant in New York

In New York bestand eine Organisation Amerikanische Freunde Deutschlands. Ihre Initianten waren politische Emigranten, die der sozialistischen Gruppe »Neues Beginnen« angehörten. Sie verbreiteten Material über die Verfolgung von politischen Widerstandskämpfern, über Prozesse, und versuchten, die politische Situation zu analysieren und amerikanische Liberale auf dem laufenden zu halten. Ich besuchte oft ihr Büro und nahm Material mit, lieh Bücher aus, sprach mit Paul Hagen, dem geistigen Leiter. Eines Tages erzählte er mir von der Tragödie Ihrer Geschwister Sophie und Hans Scholl, ihrem Prozeß und ihrem Todesurteil. Inzwischen haben Sie ja ihre Aktion in Ihrem aufregenden Buch ›Six against Tyranny‹ beschrieben und die Geschwister Scholl sind historische Gestalten geworden. Hagen berichtete mir, daß eine Protestveranstaltung im Hunter-College geplant sei... Zwei oder drei Wochen später nahmen meine Frau und ich an dieser Veranstaltung teil, die aus mehreren Gründen unvergessen bleiben wird. Hunderte und hunderte von New Yorkern waren gekommen, um sechs heldenhaften Opfern des »anderen Deutschlands« ihren Tribut zu zahlen. Ihre Namen sagten ihnen wenig, aber ihre Taten sehr viel. Ihr Opfer bewies, daß Hitler nicht der Führer aller Deutschen war, es gab Widerstand und ihr tragischer Tod war ein Schimmer von Hoffnung für die Zukunft. Zwei der Redner waren herausragende Persönlichkeiten. Die First Lady des Landes, Eleanor Roosevelt, die Frau des Präsidenten sprach – und sie demonstrierte damals, was sie mir später schrieb: ich liebe die Deutschen, besonders die, die gegen den Nationalsozialismus kämpfen, aber ich hasse und verachte die Nazis. Ihre Ansprache war bewegend und von großer politischer Bedeutung. Eine andere Sprecherin war eine der führenden Negerinnen Anna Hedgman (sie wurde später eine leitende Person in der Stadtverwaltung von New York City unter Robert F. Wagner). Sie sprach im Namen aller unterdrückten Menschen, sie rief es aus und klagte die Unterdrücker an, und wie Eleanor Roosevelt streckte sie ihre Hand aus, um sie den tapferen Widerstandskämpfern hinzureichen. Es war ein bewegender, ein erregender, ja ein unvergeßlicher Abend.

22. Februar 1969

Bischof Eivind Berggrav, Oslo,
eine der zentralen Personen des
Norwegischen Widerstandes

... Einige Wochen nach dem Drama in München saß ich eines Nachts in Oslo, in tiefer Verkleidung, weil ich damals Gefangener war und mich hinausgeschlichen hatte (das ging, weil die Wachmannschaften nachts schwänzten) – um mit Graf Helmuth von Moltke zusammen einen München-Bericht ins Englische zu übersetzen. Er sollte via Stockholm nach London gehen. Der Bericht Graf Moltkes war tief ergreifend...

»Ich kann nicht abseits stehen, weil es für mich abseits
kein Glück gibt, weil es ohne Wahrheit kein Glück gibt.«
*Hans Scholl, 28.10.1941*

# Hans Scholl und Sophie Scholl
# **Briefe und Aufzeichnungen**

## Herausgegeben von Inge Jens

Band 5681

Die Namen Hans und Sophie
Scholl sind mit der studentischen Widerstandsgruppe
»Die Weiße Rose« untrennbar
verbunden. Die von Inge Jens
besorgte Edition ihrer Briefe
und Aufzeichnungen enthält
eine Fülle bisher unveröffent-
lichter Seiten, die das Bild von
Hans und Sophie Scholl vertiefen, Ursprung, Zusammenhänge
und Motivationen ans Licht
heben. Hans und Sophie Scholl
selber bekunden, wie sie sind
und sich bilden.
Bestimmend für die Geschwister
sind Elternhaus, süddeutsche
Art, Elemente der Jugendbewegung, reifende Religiosität und
mit ihr die Empfänglichkeit für
Lehre und Umgang der den
Nationalsozialismus verdam-
menden katholischen Schriftsteller Carl Muth und Theodor
Haecker. Die ernsthafte Beschäf-
tigung mit bildenden Künsten
und Musik; Freundschaften,
Wandern und Sport, die Erfahrung von Fröbelschule, Reichsarbeitsdienst, Studium, Kriegs-
dienst an West- und Ostfront tragen bei zur Auflehnung gegen
die Unterdrücker. Keine Todes-
sehnsucht, aber Todesbereit-
schaft inmitten von Lebensbejahung und Zuversicht, immer auf
der Suche nach der Wahrheit,
nach Gott, immer im Zeichen
dessen, was dieser Menschen Lei-
tendes und ihre letzte Botschaft
war: Freiheit!

## **Fischer Taschenbuch Verlag**

fi 1807 / 1